障がいをもつ
こどもの「きょうだい」
を支える

お母さん・お父さん
のために

遠矢浩一 編著

ナカニシヤ出版

まえがき

　この本は，障がいをもつこどもさんのおられるご家庭のお母さま，お父さまがたにお読みいただくために書かれたものです。編著者である私は，2003 年にこの本と同じく，ナカニシヤ出版の宍倉由高編集長のご理解を得て，『自閉症児のきょうだいのために－お母さんへのアドバイス－』という本を出版させていただきました。サンドラ・ハリスというアメリカの自閉症療育に関する専門家の書いた本を日本語に訳したものですが，当時，障がいをもつこどもたちのきょうだい児について書かれた本は我が国には限られたものしかありませんでした。とくに，障がいをもつこどもさん本人ではなく，障がいを"もたない"きょうだい児を"支援の対象"ととらえて保護者の皆さまのために書かれた本はまったくといってよいほどなかったように思います。そのためか，この本に関心を示して下さった保護者あるいは専門家の方々は少なくありませんでした。おかげさまで，愛知教育大学教育実践総合センター特別支援教育プロジェクトチームによる『特別支援教育のための 100 冊　ADHD，高機能自閉症・アスペルガー症候群，LD など』（創元社）にも選出していただく光栄にもめぐまれました。少なくとも，こうしたきょうだい児支援の視点の必要性は，これまでかならずしも，おとなたちが気づいていなかった，あるいは，気づいていてもついつい後回しにならざるを得なかったことがらだったのではないかと思います。

　この本では，私どもが行ってきたきょうだい支援プログラムで得た経験をふまえながら以下のような内容について記しました。

○きょうだい児の心の特徴の現れ方
○親ごさんとの関わりの中できょうだい児に見られるふるまいの特徴
○きょうだい児が障がいをもつキョウダイとのあいだで抱えうる葛藤
○親ごさんが、きょうだい児との関わりの中で感じる思い
○きょうだい支援プログラムの考え方
○こどもの心の発達の過程ときょうだい児を支えるおとなの関わり方

　執筆者は、みな、臨床心理学について学び、そうした領域で活躍している専門家たちです。したがって、この本に書かれている内容は、具体的にきょうだい児をこのように指導しようとか、しつけようといった教育書にはなっていません。あくまで、きょうだい児の立場に立って、きょうだい児の抱える悩みや不安を理解し、きょうだい児の"こどもらしさ"を大切にしながら健全な心の発達を促すためにおとながとるべき役割についてカウンセリングマインドを大切にしつつ書き進めました。

　この本が、これまで見過ごされがちであったきょうだい児たちへのおとなの理解を深め、そうしたこどもたちの支援の輪が少しでも広がる一助になることを執筆者一同祈っています。

　最後になりましたが、編著者ともども、学生の折から発達障がい臨床に関するご指導を頂戴した九州大学名誉教授（現福岡女学院大学教授）大野博之先生、九州大学名誉教授大神英裕先生、九州大学教授針塚　進先生に厚く御礼申し上げます。また、私どもの活動に

ご協力・ご助言を頂戴した福岡県発達障害者支援センター「ゆう・もあ」の皆様，発達障害支援研究所「たまや」の高橋正泰先生，そして，いつも相変わらず，私ども"こども臨床家"への暖かいご理解を頂戴する宍倉由高編集長をはじめ，ナカニシヤ出版の皆様に心より感謝申し上げます。

2009 年　　初夏

編著者　遠矢　浩一

目　次

まえがき　*i*

第1章　きょうだいについて考える ——————*1*
第1節　きょうだいのいろいろな思い　*2*
1. きょうだいと家庭内役割／2. 極端な「家庭内役割」のこどもへの影響／3. きょうだいにおこりうる心の問題／4. きょうだいのタイプ

第2節　きょうだいげんかから見えるきょうだいの気持ち　*44*
1. はじめに／2. きょうだいげんかから見えるきょうだいの気持ち／3.「こんなふうにしてくれたらいいな」の代表例／4. それぞれの「こんなふうにしてくれたらいいな」／5. おわりに

第3節　きょうだいをめぐるお母さんの気持ち　*55*
1. お母さんのきょうだいへの思い，そしてきょうだいのための工夫／2. お母さんの悩み／3. きょうだいへの対応に困ってしまったときには，誰かに相談を／4. きょうだいと通じ合うために

第2章　きょうだい支援の場をつくる ——————*67*
第1節　"主役"を楽しむプログラム　*68*
1. 主役体験／2. きょうだいグループ／3. きょうだいプログラムについて／4. きょうだいグループの実践を通して

第2節　"親‐子"をあじわうプログラム　*79*
1. お母さん，お父さんへのきょうだいの思い／2. お母さん，お父さんのきょうだいへの思い／3. 親‐子グループの導入／4. 親‐子グループの実践を通して

第3節　支援の場から日常へ　　94
　　1. きょうだいを中心に／2. 自由な自己表現／3. 自分の日・自分の時間／4. きょうだいの交流／5. おわりに

第3章　きょうだいへの「支え」とは ———————99
　　1. きょうだいのありのままをみつめるために／2. できることからはじめよう／3. きょうだいが知りたいことは？／4. きょうだいへの「支え」とは

引用・参考文献　　*121*
索　引　　*123*

第1章

きょうだいについて考える

第1節

きょうだいのいろいろな思い

　この本は，障がいをもつこどもたちの"きょうだいを支える"ために書かれたものです。とくに，"こどもを育てる"という大切な，そして，とても大変なお仕事を家庭での中心的な役割として担っておられるお母さま，お父さまがたに読んでいただきたいと思っています。ひとり親でがんばっておられるご家庭もおありと思います。この本の内容は，こどもたちに関わるおとなが，母親であろうと父親であろうと，共通することがらについて書いています。

　結論から先に申し上げますと，障がいをもたない「きょうだい」たちは，"支え"を必要としている，という内容になります。

　この本では，きょうだいたちを，「きょうだい」と呼ぶことにします。障がいをもつこどもたちを「キョウダイ」と呼びましょう（学会の論文の中などでは，障がいをもつこどもたちを「同胞」と呼んでいることが多いですが，この本ではやめにします）。

　それでは，きょうだいはどのような思いをいだきながら，生活をしているのでしょうか。あらかじめ，お断りしておきますが，ここでご紹介していく考え方は，すべてのこどもたちにあてはまることがらではありません。すべての家庭にあてはまることがらでもありません。"そういう場合がある"という程度で読み進めていただければと思います。おとなが"心がけておきたい"ことがらとお考え下さい。

1. きょうだいと家庭内役割

　きょうだいとの関わりを考えていくときに，最も大切と思われることは，きょうだいが家庭の中でどのような役割を担っているのか，という「家庭内役割」と呼ぶことのできるものであると私たちは考えています（遠矢, 2004）。自ら意識的に役割を担うこともありますし，親からまかせられていることもあります。小さいときからの積み重ねで自ら担うことが当たり前になっていることもあります。そこがきょうだいの問題について考えるときにとても大切な要素になってきます。

　おとなにとって，そうじ，洗濯，食事の仕度などはもっぱらお母さんの仕事，お父さんの仕事は会社に出かけて給料を稼いでくることという姿は，男女平等がさけばれる今でも普通に見られる「家庭内役割」の典型でしょう。ところが，きょうだいの問題を考えるときに，この「家庭内役割」はそれほど単純ではありません。きょうだいはお母さん，お父さんの関係のあいだで役割をとり，また，お母さんとキョウダイのあいだにたって役割をとっています。

　どういうことかと言いますと，親の日常的な家庭内役割は，親本人がすでに「おとな」になっているわけで，生活上，すべての行動や役割が「おとなとしてのもの」であるわけです。お母さんがある日はこどもになって，ある日は親になって……と，ころころ，立場が変わるわけではありませんから当然です。何を当たり前のことを今さら言ってるの？とおっしゃりたいでしょう。しかし，ここがとても大切なところなのです。こどもが家庭内でとっている役割は，すべて「こどもとして当然」のもの，ではないことが多いのです。こどもは，おとなとは違ってこどものままあり続けることもできるし，おとなである「親の役割」をとることだってできるのです！！

2. 極端な「家庭内役割」のこどもへの影響

　驚かれるかもしれませんが，きょうだいの問題は，実は，アルコール依存症の患者さんの家族に見られる問題をきっかけに語られるようになりました（シーゲルとシルバーステイン；Siegel and Silverstein, 1994）。当たり前ですが，きょうだいたちが，アルコール依存症と同じ特徴を示すという話ではまったくありません。アルコール依存症の患者さんの家庭では，患者以外の家族たちが，患者の依存症を治すためにいろいろとがんばるなかで，家族にさまざまな役割が知らず知らずに与えられ，それが家族の心に多くの影響を与える，ということが言われています。実は，この「知らず知らずに与えられる家族の役割」という視点が，きょうだいの心のありようを考えるときにとても大切であることがわかってきたのです。

アルコール依存症と家族―共依存とイネイブラー―

　それでは，アルコール依存症の患者さんをとりまく家族にはどのようなことがおこっているのでしょうか。

　わかりやすく言うと，家族が患者さんのお世話をしたり，なぐさめたり，励ましたりをしすぎることによって患者のアルコール依存という病気がなかなかよくならない，という事実が明らかになったことから話は始まります。

　このことについて考えるときに，二つの大切な用語があります。一つは，「共依存　co-dependency」，もう一つは「イネイブラー　enabler」です。

　患者さんが一家のご主人（夫）だったとします。夫が病気になればその看病やお世話をするのは奥さんであることが一般的でしょう。このとき，患者である夫と世話役である奥さんとのあいだにおこり

うる"望ましくない"関係が共依存です。そして，共依存関係の中でお母さんが必ずしも"意図せず"とってしまう役割がイネイブラーとなります。「維持役」「支え手」などとも言われますが，お世話をすることが病気を治すのではなく，逆に病気である状態を保たせてしまったり，場合によっては症状をより悪化させてしまっていることさえあるという状況です。

　そもそも，アルコールに限らず薬物を含む特定の物質を過剰に摂取してしまう「物質依存症」の状態は，精神的に健康で家族関係がうまくいっている場合には，そうではない場合と比べておこりにくいものです。対人関係における不安や不満，ストレスといったものが物質に「依存」することによって一時的に"不健全な"形でやり過ごされていくうちに，その物質を摂取しないと心身の安定を保てない"禁断症状"が現れ始めます。気分のいらいら，落ちつかなさ，手足の震え，幻聴，幻覚といったさまざまな症状が現れるようになります。そして，そのいらいらのはけ口として，暴言・暴力が家族に向けられるようになります。こうなると，完全な「物質依存症」の成立です。

　いろいろなストレスから，アルコールに頼らざるをえなくなった患者さんご自身もご苦労されているとはいえ，家族はその症状に巻き込まれていくことになりますから，そちらの大変さは想像に余りあります。当然，依存症が治ることを家族は望みますし，そのお手伝いをしようとがんばり始めます。世話役の奥さんは，夫の断酒を励まし続け，少しでもそれができたらほめ続け，気を紛らわそうと毎日，散歩に同行し……と，けなげな努力を続けます。しかし，依存症となれば，そう簡単にはいきません。何度も，こっそりと，あるときは堂々と酒を口にしてしまいます。そして，家の中で暴れます。酒が冷めてくると，「俺はもう駄目だ。酒すらやめられない」と

自己嫌悪の落ち込みに入ります。しかし、奥さんは「大丈夫、誰でも失敗はあるわよ。今度はうまくいくから一緒にがんばりましょうね」と夫を支え続けます。夫も、「悪かった。今度こそがんばるから。おまえも協力してくれ！」「おまえがいてくれるから酒をやめられると思う。ありがとう！」と謝罪と感謝を繰り返します。しかし、また数日すると酒瓶を手に……という悪循環が生まれ始めます。奥さんがイネイブラーとしてアルコール依存症を維持させる「共依存関係」の成立です。この場合、夫の依存症を治すためには、"入院治療"をおすすめするのが最善となります。共依存関係から、夫を（奥さんを）"引き離す"ことが必要だからです。夫が、奥さんから受ける優しいことばや励ましを意識的・無意識に求めていて、断酒に"失敗"することで、奥さんからの献身を獲得することに"成功"しているからです。また、奥さんの方から言えば、夫がアルコール依存症になる前には夫婦関係がぎくしゃくして会話はほとんどなかったのに、病気になった後は、それまでめったに聞くことのできなかった「悪かった」といった謝罪のことばや「ありがとう」の感謝のことばを夫の病気の世話を通して、たくさん受け取ることに"成功"しているからです。こうした夫と奥さんの両者が互いに病気という不健全な状態を媒介に支え合っている状況を共依存と呼び、ここでの奥さんの役割を病気の維持における支え手、「イネイブラー」と呼ぶわけです。

イネイブラーの心

さて、ここで目を向けたいのは、「奥さん」の立場や態度です。共依存はやめよ、イネイブラーが悪いという話ではありません。

上の例では、奥さんは、夫の病気を治すために、献身的なお世話をしていました。飲んで暴れる夫を慰め、励まし、散歩に同行しと、

第1節　きょうだいのいろいろな思い

お母さんがイネイブラーに…

かき乱される自分の気持ちを押し隠しながら，ただひたすら夫に尽くしていました。献身的努力と裏腹に夫の病気が良くならないストレスに繰り返しさらされます。一方で，その背景には夫に感謝されている，夫をお世話"できている"という「満たされ感」もありました。とても不健全ではありますが，会話のないぎくしゃくした関係から，病気を通した互いへの"配慮ある"会話が生まれはじめているわけですから，依存症が治らないとはいえ，奥さんの気持ちは十分に理解できます。

　今，深く心に留め置かなければならないのは，この奥さんのように「他者に献身的に関わろうとする人の心の中に，その相手の気持ちを自分に惹きつけたいという強い願いが働いていることがある」ということです。

アダルトチルドレン

　当然ですが，こうした心の動きはおとなだけではなく，こどもたちの中でもおこります。

　先ほどの「夫」を「お父さん（お母さん）」，「奥さん」を「娘さ

アダルトチルドレン

ん」や「息子さん」に置き換えて読んでみて下さい。何の違和感も感じないはずです。親を思うこどもの気持ちは，夫婦のあいだでお互いを思う気持ちよりも遙かに強いものがあります。自己犠牲的ともいえるほどの，自らのことは差しおいて親のために尽くすための身を粉にする努力が報われない経験を繰り返すことを幼少期から積み重ねて育ち，さまざまな心の特徴を示すようになったおとなの方々は，とくにアダルトチルドレン adult children（ウォイティッツ；Woititz, 1990）と呼ばれるようになりました。複雑な家庭環境の中でいろいろな「役割」をとりながら成長し，将来の対人関係において特徴的な気持ちや行動を示すようになった方々と考えて下されば結構だと思います。外国では当初は，アルコール依存症患者のもとで育ったこどもたちという意味で，ACOA（Adult Children of Alcoholics）と呼ばれていましたが，後に，アダルトチルドレンはさまざまな難しい事情をもつ家族でもおこりうるという意味で ACOD（Adult Children of Dysfunctional Family）と呼ばれるようになりました。

こどもらしさの抑圧の影響

　障がいをもつこどもたちの親ごさんはむろん，依存症のような病気でもなんでもありません。こどもたちの成長のために，日々，奮闘・努力される，むしろ，尊敬されるべき方々です。けれども，こどもたちの心の安寧を支えるおとなの役割に立って考えるとき，この共依存，イネイブラー，アダルトチルドレンといった問題は決して避けては通れない意味を孕んでいるように思われます。それは，きょうだい児たちが，家庭の中で"こども"としての家庭内役割をとることができていないかもしれないからです。先にも述べましたように，家庭の中では，親は一貫しておとなであってこどもにはなれません。しかし，こどもは，役割としては，親にも兄にも姉にもなれるのです。このことが意味することは，「養育」「世話」「献身」といったことばで表現されるような"自分を犠牲にして大切な誰かのためにふるまう"ことをこどもたちが暗黙のうちに求められてしまう可能性があるということです。甘えてみたり，ねだってみたり，すねてみたり，だだをこねたりというように，人が大きくなって「あなた，こどもじゃないんだから！」としかられるようなふるまいは，こどもであるからこそ認められるこどもの権利というべきものです。しかし，親や兄姉の役割をとるということは，こうした"こどもらしいふるまい"の欲求を自ら抑圧して，いわば，"おとなとして"ふるまう努力を続けなければならなくなることを意味します。そうしたこどもらしさを幼児期から心のうちに封じ込めてしまうことは，おとなになったときに，アダルトチルドレンと呼ばれる人々のように，心のありようにいろいろな影響を残しうるのです。

　キョウダイの日常生活のためには，食事，排泄，移動等，さまざまなお手伝いが必要になります。そのため，親ごさんの手はどうしてもキョウダイにとられがちになるでしょう。キョウダイの毎日の登

下校の付き添いで時間がなく、掃除・洗濯など、家事をきょうだいにお願いすることも多くなるでしょうし、キョウダイの療育で帰りが遅くなり、年少のきょうだいに一人でのお留守番をさせざるをえないこともあるでしょう。きょうだいげんかがおこったときに、どうしてもコミュニケーションの難しいキョウダイをかばわざるをえず、きょうだいに我慢させたり、仕方なくしかったりすることもあるでしょう。

　気をつけておかなければならないのは、親ごさんが"キョウダイは家族なのだから、キョウダイのために手間をとられるのは当たり前。だから、きょうだいが手伝いをしたり我慢をするのは当たり前"という強い信念で、きょうだいにこれらの関わりを求め続けているとしたら、親ごさんの思いとは裏腹な気持ちをきょうだいが抱えている可能性があるかもしれないということです。解消されぬ思いを積み重ね、こどもらしいふるまいを抑圧し、代償するかのように親ごさんやキョウダイに「献身」する形で日々、ふるまっているとしたら、その姿はまさに「アダルトチルドレン」と重なって見え始めてくるのです。

3. きょうだいにおこりうる心の問題

　きょうだいもそれぞれ個性が違いますので一概には言えませんが、おこりうる可能性として、きょうだいに見られる以下のような特徴があげられます。シーゲルとシルバーステイン（Siegel & Silverstein, 1994）、ハリス（Harris, 1994）などを参考にしながらいくつか見てみましょう。

①年齢や性別にふさわしくない高すぎる責任感

　きょうだいの年齢にふさわしくない高い水準の「世話役」とならなければならないことがあります。

　たとえば，幼稚園年長さんのきょうだいが，お母さんの買い物のあいだ，3歳の自閉症のキョウダイのベビーシッターの役割を任せられるような場合です。自閉症のお子さんの場合，その特徴であるこだわりなどのために，おとなからしても，はた目にはよく理解できない理由でかんしゃくをおこしたり，怒り出したりすることがあります。そうした場合の対応もすべて年長さんのきょうだいに任せられているとするとこれは考え直す必要があります。留守中，かんしゃくのために，泣きじゃくって物を壊してしまったりすると，きょうだいはキョウダイのかんしゃくを止められなかった自分をこども心に責めるでしょう。そこに，帰宅したお母さんから「何してたの！　あなたがちゃんと面倒見てあげないから」の一言が加わると，大打撃です。どうしていいかわからないところで必死に対応したことに対してねぎらいもないままに，しかられてしまうわけですからたまりません。ここで，「そんなに怒るなら自分で面倒見ろよ！」と文句の一つも言えれば救われるところもあるのですが，こどもはそうはいきません。「ボク（ワタシ）がちゃんとしていないから，弟が怒り出しちゃったんだ！」と叱られたままに自分を責めるのです。それも，ただ責めるのではなく，怒りや不満を"抑えて"表現せずに心の中に留め置きながらそうするのですからつらいところです。そうした抑えつけられた感情は，長い年月をかけて，心の中に"たまって"いきます。そして，怒りなどの否定的な感情をことばにして"表現できない"人格ができあがっていきます。

　年少だから責任が重すぎるというだけではありません。遊びや買い物に出かけるときの，キョウダイの世話役についても，ふさわし

年齢や性別にふさわしくない高すぎる責任感

くない責任がきょうだいに課せられることがあります。たとえば，中学生のお兄ちゃん（お姉ちゃん）が小学2年生の妹（弟）の手を引いて公園に出かけるという光景は，ごく自然です。しかしながら，キョウダイ‐きょうだい間では必ずしも自然ではない状況が生じえます。たとえば，思春期に入りかかっている小学5年生の妹（弟）のきょうだいが，中学2年生の重い知的障がいのあるお兄ちゃん（お姉ちゃん）の手を引いてコンビニに買い物につれていかなければならない状況が日常的に生じうるのです。異性と手をつなぐということすら気恥ずかしく，人目をことさら気にするこの時期に，年長かつ異性の"手を引いて"歩かなければならないその気持ちは察するに余りあります。問題は，こうしたお世話を，きょうだいが拒んだときのおとなの対応です。往々にして，「きょうだいでしょ。何，わがまま言ってるの！」となるわけで，申し訳ないと思いつつも拒んでしまったきょうだいの気持ちは，やり場がなくなってしまうわけです。そして，きょうだいは，自分の"わがままさ"を自ら責め始めることになります。

②自分のことを二の次にしてしまう。

　特段,障がいをもつこどもがいる家庭でなくても,兄・姉が弟・妹に「譲る」ことは当たり前にしつけられることです。しかしながら,キョウダイ‐きょうだい間では,通常,親からしつけられるレベル以上の過剰な「譲り」が生じることがあります。知的に遅れがあったり,自閉的な傾向が強く,欲求を上手にコントロールできないキョウダイがいたとします。自分が遊ぼうと用意したレゴブロックをキョウダイに見つけられて,サッと取り上げられてしまう,せっかく完成しかけた100ピースのパズルが容赦なくばらばらにされてしまう,後で食べようと思ってとっておいたケーキがあっという間に食べられてしまう,などきょうだいの「取り上げられ体験」は数知れないでしょう。しかし,"譲ることができた""取り上げられても怒らないで我慢できた"というふるまいは,おとなから見たら"おりこうさん"この上ないことですから,ほめたたえられます。こどもは,「ほめられること」は「良いこと」と素直に考えますから,自分の遊びたい,食べたいといった気持ちを心のうちに閉じこめて,キョウダイに譲り続けます。やがて,自分のことをまず最初に要求したり,主張したりすることに違和感を覚えるようになってしまいます。場合によっては,自分のことをキョウダイよりも先に満たしてしまうことは"悪い"こと,という誤った,しかし,涙ぐましいとらえ方をしてしまう場合もあります。この"過剰な"譲りが繰り返されると人生設計においてさまざまな支障を及ぼすことがあります。たとえば,「お兄ちゃんは知的障がいで大学に行けなかったのだから,自分も大学に行ってはいけない」「脳性麻痺のお姉ちゃんを差し置いて自分だけ旅行に行ってはいけない」「自分が結婚するなんて,妹の面倒は誰が見るの？」といったようなものです。冷静に親や周囲のおとなたちと話し合いをしながら計画を立てていけば,

自分のことを二の次にしてしまう

進学や余暇,結婚といった人生の重要な節目を上手に乗り越えていくことができるはずのものですら,幼少期からの積み重ねの中で身についてしまった"自分だけで解決する"やり方しか選択肢をもつことができずに,誰にも相談することなく,自分の欲求を押さえつける形で結論を出してしまうきょうだいは決して少なくないのです。

③人のために尽くすことに身を注いでしまう

誰かのために自己犠牲的にまで身を尽くして育ってきたこどもたちは,その生き様が「人格化」して固定化していきます。誰かに尽くしていないと心の安定を保てなくなってくるのです。たとえばACOAの場合であれば,アルコール依存症のお父さんから"頼られ"続け,それでもお酒をやめられない姿に身も心も揺さぶられながらも,その看病のために献身します。長いあいだ続く看病のつらさとは裏腹に,"お父さんが私を頼ってくれている"という「満たされ感」を強く感じます。誰かのために役立っていられる,人が自分に頼ってくれている,という感覚は誰しも不快を覚えるものではな

いでしょう。人との関わりの中で生きている私たち人間にとってはむしろ，そうした感覚があるからこそ，人とのあいだで自分を保っていられるということができるほど大切なものともいえます。

　ところが，幼児期からそのような生き方を強いられるように身につけてきたこどもたちは，ただ，人の役に立てて嬉しかったというレベルを超えたとらえ方をするようになります。"役立つことができる相手を探し求め続ける""尽くしても尽くしても役立ち感や満たされ感，成功感を感じることができない"ような人格傾向ができあがってきます。満たされた，うまくいったという感じをもてないのですから，気分が晴れ晴れ！ということをなかなか経験できません。いつも，いらいらしていたり，気分が沈んでいたりなどの心の状態につながります。その理由を"人の役に立てていない"ことと考えてしまうわけですから，結果として，"役に立つことができる相手"を探し続けます。一旦，役に立てる"はずの"相手を見つけることができても，やはり，満たされ感を感じることができず，結局，また違う"第二の役に立つことができる相手"を探すことになります。このように，対人関係がとても不安定になる危険性を孕んでいるのです。この不安定な関係性は，同性の友達関係でも生じますし，恋人や配偶者といった重要な異性とのあいだでも生じえます。せっかくできた親友や恋人と長続きせず，相手が短期間で次々に代わっていってしまうことがありえます。

④人によりかかる傾向が身につく

　"人のために尽くす"特徴が違う形で現れるのが，"人によりかかる（依存する）"傾向です。人のために尽くすためには，何をどのように尽くすのかという手段と目的が必要となります。お金のない恋人のためにお金を稼ぐ，料理ができない彼氏に毎日食事を作っ

人のために尽くすことに身を注いでしまう

てあげる，おしゃれ好きの彼女に宝石をプレゼントする，といろいろ考えられるでしょう。それをすれば，"相手が喜ぶ"という純粋な動機からの行動です。相手が喜ぶはずのことを自ら一生懸命探して，それを捧げるのが先に述べた「人のために尽くす」人々でしょう。ところが，この"相手が喜ぶはずのこと"を上手に探し出せないために，相手にどっぷりとよりかかってしまう形で相手との関係をとる人々もいます。ある女性が彼氏とドライブに出かけるとします。自分が行きたいところはディズニーランドですが彼女は，そんなこと言い出すはずがありません。〈どこにいきたい？〉「オレ，中古車センター」〈私も車を見に行きたかったの！（車などほとんど関心はないのに！）〉となります。積極的に相手が喜ぶはずのことを見つけ出し，提案したり，提供したりすることの自信がない場合，すべて相手の言いなりになる関わり方で相手との関係を保とうとするわけです。ドライブ程度ならよいのですが，「オレ，もう一度，会社を興そうと思うんだ。今度こそ，成功すると思うから。銀行で金を借りてくる（もう，2度も3度も事業に失敗して多額の借金を抱

第 1 節　きょうだいのいろいろな思い　17

人によりかかる傾向が身につく

えている！）」〈あなたの思うようにしてくれるのが私の幸せよ！〉といったふうに自分の人生や生活をかけてまで，重要な決断を相手に任せてしまう場合，容易に見過ごすことができる状態ではないでしょう。

　幼児期から，周囲のおとなたちの望むまま，言われるがままに自分の行動を決めてきたようなこどもたちにおこりがちな傾向です。お母さんやお父さんから，"キョウダイのために"という理由で求められてきたいろいろなことがらに"素直"に応じることで，お母さんやお父さんの愛情を自分のもとに引き寄せようとしてきたこどもたちの「適応」のあり方と考えられます。言い換えれば，お母さんやお父さんが自分から離れていってしまう「分離不安（見捨てられ不安）」の解消の方法なのです。

こどもらしくふるまう権利を認められない

⑤こどもらしくふるまう権利を認められない

　親に甘えてだっこしてもらう，泣いて"よしよし"と背中を叩いてなぐさめてもらうなどは，こどもたちが親に求めて当然のふるまいとして認められるものです。しかし，きょうだいの場合，それが自然に認められないことが，ままおこります。たとえば，次のようなエピソードです。重度の自閉症のお兄ちゃんは小学校1年生の弟のきょうだいが一生懸命作ったプラモデルを踏みつぶしてしまいました。お兄ちゃんは踏みつぶした足が痛くて大声で泣いています。それに気がついたお父さんは，自閉症のお兄ちゃんのもとに，まず，かけより，痛い足をさすりながら「痛かったね，よしよし」，そして弟くんに対して，「おまえが下にほったらかしとくからお兄ちゃんがふんじゃったじゃないか！」。弟は泣きながらも「ごめんなさい……」と謝ります。通常のきょうだい関係ではありえない光景です。普通，踏みつぶしたお兄ちゃんがまずは叱られ，弟くんが抱き上げられて，よしよしとされるところですが，この場合，プラモデルを

踏みつぶされ、さらには、片付け方についてまで叱られた弟くんは、悲劇的です。しかし、キョウダイ-親-きょうだい間では、当たり前のようにこうした光景が日常的におこりうるのです。どんなに幼いきょうだいでも、障がいをもつキョウダイと比較してみられるとき、「分別ある行動ができるはず」として、実際の年齢とは不相応に"お兄ちゃん、お姉ちゃん"に見られてしまいがちなのです。そして、当のきょうだいは、高い理想でおとなから求められた行動が上手にできなかったことを、自分のふがいなさとして素直にとらえ、再び、自分を責め始めることになるわけです。

⑥友達関係の難しさ

　友達と時間をともに過ごすということは、人との関わり方を身につけるという社会的スキルを学ぶために大切な機会とされますが、もっと重要なのは「お互いをわかり合えている」とか「あなたなら信頼できる」といったような人とのあいだに芽生える信頼感や安心感を体験できるということにあります。思春期の時期には、ただの遊び友達とは違う「親友」ができて、給食を食べるのも、遊びに行くのも、あげくの果てはトイレに行くのもいっしょ、というほど友達との心の結びつきは緊密なものになります。この心の結びつき感があるからこそ、親がいなくてもバスに乗って出かけてみる、買い物をしてみる、遊園地に行ってみるなど、"冒険"ができるようになるのです。夜中に爆音を鳴らしてバイクで走り回る暴走族と呼ばれる中高生がいますが、彼らも、ただ、騒々しい迷惑者であるだけではなく、そうした仲間たちなら自分たちの心の苦労や空しさや、いらだちを「わかり合えている」という強い絆を心の内に感じているといいます。それほど、こども時代には友達との結びつき感は大切なのです。

20　第1章　きょうだいについて考える

友達関係の難しさ

　きょうだいにとって，こうした友達関係づくりにキョウダイとの関わりがからんでくると，話が少し難しくなってきます。親から暗黙のうちに求められたキョウダイの世話と，自分自身の友達関係のはざまに立ってきょうだいが葛藤状態におかれてしまうことがあるからです。

きょうだいが代弁者の場合

　キョウダイにとって最良かつ最強の遊び相手になりうるのはきょうだいだといいます。また，きょうだいを上手な遊び相手として練習させてあげることを推奨する人もいます（Harris, 1994）。生涯の中でキョウダイと最も長い時間，遊びをともにするこどもは，控えめにみてもきょうだい以外いないでしょう。幼少期にはきょうだいは，キョウダイの障がいが知的障がいや自閉症といった場合，一見してそれがどのような困難なのかわかりにくいために，漠然とした違和感を感じながらも，ごく普通にキョウダイと接します。遊び道具を壊されてみたり，とられてみたりしながらも，楽しく遊びな

がら成長していきます。というよりも，障がいをもつきょうだいと"楽しく遊ぶ"術を身につけていくものと思われます。言い換えれば，きょうだいは，それだけ，キョウダイの性格や障がいの特徴を理解し，上手に関わる方法を体得しているわけです。

　キョウダイをよく理解しているということは，きょうだいの「代弁者」になることを自分の役割と感じるきょうだいがいるということを意味します。こどもは多くのことばをまだ知りません。思ったままを知っていることばで表現します。パニックをおこしてよく泣き叫んでしまうキョウダイに「もう，いちいちうるさい！　あっち行って」と怒り出す友達を前にいつも「ごめんね，ごめんね」とあやまってまわるきょうだいがいます。友達と出かける際に，お姉ちゃんの遊びにいつもついて行きたがる弟の気持ちを察して必ず，「いっしょに弟もつれていっていい？」と友達にあらかじめ電話で尋ねるお姉ちゃんがいます。こういう弟思いのお姉ちゃんの場合，いっしょに弟を連れて行けないとわかると，往々にして自分が遊びに行くのをあきらめるということになります。弟をいっしょに連れて行けたとしても，いつも弟の"機嫌"に気を配らなければなりません。「弟には後ろから肩を叩いたりして急に声をかけたりしないでね」と友達にお願いすることで気持ちが張り詰めながら自閉症の弟の世話と友達との遊びを「両立」することに心を砕くことになります。要するに，キョウダイの代弁者となる役割をとるために自分の友達といっしょに過ごしたいという純粋な欲求を自ら抑えることと，友達関係を"結び続ける"という二つの難しい課題を同時に解決することがきょうだいに課されてしまうのです。こうした関係はこどもだけに限らず，キョウダイの後見的役割をとりながら恋人のために尽くそうとする成人女性といった場合にもあてはまる，生涯を通しておこりうる問題です。

きょうだいが代弁者となりたくてもなれない場合

これらとは違った形で苦労しているきょうだいもいます。思春期の大切な友達関係が崩れてしまうことを恐れて，日頃はキョウダイの代弁者であることを十分すぎるほど意識して生活しながらも，友人の前でキョウダイを「標的」にしてしまうような場合です。鬼ごっこをして遊んでいるときに，脳性麻痺のために上手に走れないキョウダイを前に友達が「おまえ，さっさと走れよ。もっと足を上げればいいんだよ！」とからかったとします。代弁者役割をとるきょうだいであれば，「実は生まれたときから脳に傷があってうまく足があがらなくて……」と一生懸命説明しようとするでしょう。しかし，キョウダイに対して「おまえ，遅いんだよ。足，上げろよ！」と友達と同じセリフを浴びせかけてしまうような場合もあります。麻痺した足を上げろと言われたキョウダイはもちろん深く傷ついたでしょう。普通に考えればとてもひどいことばです。しかし，きょうだいの場合は，単純に責め立ててよい言動ではありません。こうしたこどもたちほど，キョウダイとのあいだでさまざまな心の葛藤やわだかまりを経験し，一方で友達関係を求める強い欲求を押さえきれずにいます。友達に"迎合して"ひどいことばを吐くことで友達との"共通性"を言動によって"表明"しているのです。そのことによって，友達を自分のもとに惹きつけ続けようと必死に努力しているのです。友達からの見捨てられ不安の解消法といえます。僕はあなたと同じ気持ちです！と本心とは裏腹にことばで表明することで，友達であり続けようともがいている，きょうだいにとっては必死の状況といえます。こういう行動をとってしまったきょうだいの多くは，自分のした言動に強い罪悪感を感じています。キョウダイの障がいについて誰よりもよく知っているし，キョウダイの困難をよく理解している当の本人がそうしたことばをはいてしまったわけ

きょうだいが代弁者となりたくてもなれない場合

ですから自分を責めないはずがありません。自責感は繰り返されると抑うつ感につながります。いつもいらいらしていたり，怒りっぽかったりなど，こどもの抑うつ感は"攻撃的"な行動で現れることが少なくありません。攻撃的になれば，さらに，心とは裏腹にキョウダイをののしる言動をとり，自責感にさいなまれ，攻撃的になり……という悲しい悪循環が起こります。攻撃的な行動は親の怒りを買い，強い叱責の対象になりますから，ただでさえいらついているのに火に油を注ぐ形になります。つまり，このようなこどもたちは，もともと心の奥にキョウダイとの葛藤を抱えていること，それを不本意ながら望ましくない形で友達とのあいだで表現してしまった罪悪感を抱えていることといったさまざまな不安を"癒される"ことがないままに成長していく可能性があるのです。

⑦ **自ら進路を制約する**

キョウダイの世話役を幼少期から積み重ねるうちに，世話役は「自分である」という強い信念をもつにいたり，自らの進路を早くから見定めてしまうきょうだいがいます。九州に住んでいるあるスポ

自ら進路を制約する

一ツ万能の高校生が小中学生の頃は関東の大学の体育学部に進むことをずっと夢見ていたのに，あるときから急に自宅近くの大学に進むことを口にするようになったとします。「高校を卒業して大学に進むのはもうおとな。親が進路に口をはさむことではない」ときょうだいに進路選択をお任せにしてしまうのは必ずしも正解ではありません。こういう場合，同じくスポーツを専攻するものの自宅近くに志望校を変えたというだけならまだよいのですが（心配がないわけではありません），専攻をとりわけ，社会福祉学部などと大幅に変更している場合は，おとなはきちんと話を聞いてあげる必要があります。親の希望や意志とは無関係に，きょうだいが自らの責任感できょうだいの世話役になるための準備を始めている可能性があるからです。そうした役割をお母さん・お父さんが自分に期待していると自ら強く"信じ込んでいる"場合もありえます。障がいをもつこどもさんのいる家庭に限らず，自分の悩みを自ら積極的に親に相談しようとするこどもたちはそう多くはありません。こどもは親に負

担をかけまいと思うからです。親を悩ませたり，困らせたりしないようにいつも気遣っていると思っておくほうが無難です。ですから，相談してこないからといって悩んでいないわけではありません。おとなから積極的にこうした進路についての話題をもちかけてみる工夫も必要です。社会福祉学科や保育学科，臨床心理学部など障がいをもつ人々に関わる学問領域をきょうだいが志そうとしている場合，それがキョウダイの世話役となるためという責任感からのみ生じているのではないことをおとなは確かめる必要があります。学部や学科は変えないけれども，なぜだか遠いところから自宅近くに志望校を変更したときですら，話題にすべきものと思います。それらの変更動機が純粋に自らの学部／学科志望に基づいていることが進路選択には非常に大切になります。きょうだいに限らず，大学に進学したものの本当にやりたい道ではない場合，「不登校」の状態になってしまう大学生は決して少なくありません。

⑧愛情の不公平感

「お兄ちゃんはクッキー2個なのに，なんで僕だけ1個なの？」という不平不満はきょうだい関係では当たり前の出来事です。ですから，お母さんは仕方なく，「お兄ちゃん，半分わけてあげて」ということで，「僕が年上なのに！　なんでだよ！」不満をもらしながらもしぶしぶお兄ちゃんが納得して事態が落ち着くというのが普通でしょう。しかし，先にも述べましたように，障がい児のきょうだいの場合，幼い頃は必ずしも，自閉症・知的障がいなどといった困難を十分に理解しているわけではありません。好きなポテトチップスが目に入ると全部食べてしまわないと気が済まないというキョウダイに，買い物かごから"発見"されてしまったお母さんが仕方なく袋ごとあげたとします。いつもはお母さんが皿の上に盛ってく

愛情の不公平感

れるだけのチップスしか食べることのできない弟くんは、お兄ちゃんとお母さんのこのやりとりを見て、「お母さんは僕よりもお兄ちゃんが好きなんだ！」と容易に考えてしまいます。物を「くれる‐くれない」の関係性は幼いこどもにとっては、「好き‐嫌い」の関係性に容易に置き換わるのです。「お母さんは僕のことも好きなはずだけれど、お兄ちゃんはチップスを食べさせてあげないと怒るからお母さんはしかたなくあげているんだ」などと気の利いた理解の仕方など期待してはいけません。「お母さんはクッキーを棚にしまって買い物に行きました。お父さんがそのクッキーを食べてしまいました。お母さんは買い物から帰ってきました。お母さんはクッキーがどこにあると思っていますか？」と人形劇を見た後に尋ねられても、「お父さんのお腹の中」と答えずに、「棚の中にあると思っている」と答えることができるのは、こどもたちが保育園の年中さんか年長さんぐらいでやっとなのです。人の気持ち、ましてや、人が考えていることについてのもう一人の人の考え（お母さんは、お兄ちゃんはチップスが大好きなので全部食べたいと思っていることを

知っている，など）を目の前の出来事の様子とのかねあいで考えることができるようになるのは，小学校中学年ぐらいまで待たねばならないのです。ですから，おとなはとくに年少のキョウダイに対しては，「私がお兄ちゃんにチップスをあげないと仕方がない理由はわかっているはず」と考えてはならず，きちんと説明する手間を惜しんではなりません。説明しても納得してもらえないことを前提に，です。

4. きょうだいのタイプ

　これまで述べてきたような，さまざまな思いを抱えつつきょうだいたちは成長していきます。しかし，人それぞれ性格が異なるように，きょうだいの特徴にも違いが見られるようです。

　シーゲルとシルバーステイン（1994）は，4つのきょうだいのタイプを分けて考えています。それは，「①親役割をとるこども（Parentified child）」「②引きこもるこども（Withdrawn child）」「③行動化するこども（Acting out child）」「④優れた行動をとるこども（Superachieving child）」の4タイプです。一つずつ，見ていきましょう。

①親役割をとるこども（Parentified child）

　幼い頃から，キョウダイのベビーシッターであるかのように面倒を見たり，障がいをもたない他のきょうだいのお世話をしたり，お母さんに代わって家事をこなしたりなど通常，親がとるべき役割を意識的，無意識的に担って，まるで親としての家庭内役割をとるようになったこどもです。保育園の年中さん，年長さんぐらいの幼い時期から年下のキョウダイの世話役を与えられ続けている，幼稚園

や小学校低学年ぐらいの時期から夜遅くまで一人で留守番を任せられる，添い寝をしてもらえるような幼い時期から一人で歯磨き，着替え，就寝といった"過剰な"自立を求められるなどのこどもたちに見られるパターンです。とりわけ，"従順""素直""気が利く"などと"ほめられる"ことの多いこどもたちに見られるパターンと考えてもらってよいかと思います。私たちおとなは，こうしたこどもたちを"ありがたい"存在として心から頼りにするでしょう。おとなが求めるさまざまなことを文句も言わずに上手にこなしてくれるからです。しかしながら，おとなは一旦立ち止まって，こうしたこどもたちの心の裏を推し量ってみる必要があります。従順，素直，気が利く，などということばの裏には"我慢""忍耐""抑制""配慮"などといったこどもたちの年齢水準を超えた強い"自己コントロール"が働いていることに気がつかなければなりません。親から暗々裏に求められる多くの役割を自分の欲求を抑えながら，"親のために"成し遂げようとがんばっているのです。そうすることで，キョウダイに向けられがちな親の愛情を自分の方に惹きつけようと，もがいているかもしれないのです。

こうしたきょうだいでも，親からの要求を拒むことがあるでしょう。「今，遊んでるからちょっと待って」とか，「後でするから」「友達と約束してるの」とかきょうだいなりの理由があるわけですが，たいていの場合，親からは「あなたはお手伝いもできないの？」「なに，わがままばかり言ってるの？」「お母さんは言うことを聞かない子は大嫌い！」「お手伝いもしない子はお母さん，知りません！」「そんな子，うちの子じゃありません！」とこどもらしい，ある意味，正当であったりするようなわがままを打ち砕かれます。そして，表情や態度で露骨に否定されるだけでなく，「大嫌い！」「知りません！」とまで言われ，あげくは「うちの子じゃありません」などの

第1節　きょうだいのいろいろな思い

"究極"のことばでお母さんとの分離不安を募らせます。言い方を変えると，親が，こどもの分離不安を結果的に利用するかたちできょうだいを意のままに操る形になってしまうのです。こうしたことばを意図的に不安をあおる目的でお母さん方が使っているとは私も毛頭思っておりません。そうだとしたらそのお母さんは「教育的指導」の対象です。お母さんのことばが意図せずにきょうだいの不安を募らせる形になっているかもしれないことが問題なのです。

　一方で，きょうだいたちが手伝いをしたり，キョウダイの世話をしたり，留守番をしたりできたときのおとなの対応は対照的です。そうしたきょうだいの努力が親の行動やことばで"ねぎらわれる"ことが少ないのです。遅くまで留守番をしてお母さんを待っていても「ただいま，疲れたー，おなかすいた」とご自分の体調をきょうだいに報告し，キョウダイの面倒を見ていても「〇〇ちゃん（キョウダイのこと），怒ったりしなかった？」ときょうだいではなく，キョウダイのことを気遣われる言動が，親の意図しない中できょうだいに対して投げかけられてしまうのです。

　このような「要求の強さ」と「ねぎらいのなさ」という相矛盾したおとなの関わりの中で，きょうだいは，「もっとがんばらなければ！……（お母さんは私のことを嫌いになるかも……）」という不安にかられ，大人の役割を，もっと，もっととるようになっていくかもしれないのです。

　もっと，もっと……というきょうだいのがんばりは，たくさんのお手伝いをしようとか，もっとキョウダイと遊ぶ時間を多くしようといったお母さんのための貢献の「量」として現れることがある一方で，「敏感さ」という形で現れることもあります。お母さんの表情や言葉遣いに，過敏なほどに反応するような場合です。「はあっ」とお母さんがため息をついただけでキョウダイのそばにかけよってい

っしょに遊ぼうとする，二日酔いで頭が痛くてうつむいているお父さんの調子悪そうな表情を見て「ごめんなさい」と自ら謝るといったようなものです。親の表情や行動の変化を即座に感じ取って，その原因をすぐに自分に関係づけて考えようとしてしまう傾向が現れることがあるのです。とりわけ，結びつけようとする原因が，キョウダイをもっとお世話しようというようなキョウダイとの関係性であるとすると，きょうだいの親化（parentified）が始まりつつあると考えてよいかもしれません。

シーゲルとシルバーステイン（1994）は，親役割をとるこども（Parentified child）に見られるサインとして以下のようなことを挙げました。筆者なりの注釈をつけながら挙げてみます。

●承認を求める：いつも親から認められるために行動しようとする。

●怒りを過剰に抑えようとする：とくにキョウダイに対する怒りを表すと両親から愛されなくなるかもしれないので表そうとしない。キョウダイとの関わりの中で，とまどいを見せたときに親がそれを軽く無視したり，たしなめられたりした程度のことでも不安に陥る。たとえば，キョウダイからおもちゃをとられそうになって泣きそうになったときに，お母さんから「がまんしなさい」と言われたことでお母さんに嫌われないために，必死に涙をこらえるなど。

●きょうだい自身が，セラピストであろうとする：ことばや遊び，生活習慣などキョウダイに教えることが自分の役割であるかのように行動する場合。うまく教えられないと自分を責めるような場合。

●きょうだいが複数いるときに，他のきょうだいがそのきょうだい児を頼りにしている場合：きょうだいAくんはきょうだいBくんとキョウダイCくんのお兄ちゃんであるが，きょうだいBくんはお母さんに頼めばよいことまでAくんに世話を求める，といった場

親役割をとる子ども

合。親がキョウダイの世話役割をきょうだいAに求めていることをきょうだいBは感じ取っているし，きょうだいAが上手に世話できることを知っている。また，親がいっぱいいっぱいであることにも気づいているので，Bは自分のことを世話役Aに頼みながら，同時に"親に迷惑をかけないきょうだい"であり続けることを成し遂げ，親の愛情を獲得することに成功する。結果的に，Aくんは第二の「親」となって家族の面倒を見る役割を次々と引き受けるようになっていく。

●きょうだいが年長の女児の場合：男女機会均等といいながら，未だに子育ては女性の"母親役割"であることが一般的。きょうだいが年長の女児であると，母親役割はこのきょうだいに引き移されやすい。ただし，きょうだいに女児が複数いる場合には，きょうだいの関係性によって二番目，三番目の女児がそうした役割を担うこともある。年長のきょうだいがとても依存的で他者に頼ってしまいがちな性格で，二番目の女児がとても自立的かつ責任感が強かっ

りすると，年齢にかかわらず，こうした役割の逆転が起きる。

②引きこもるこども (Withdrawn child)

「引きこもるこども」は，親役割をとるこどもとは異なり，むしろ，そうした役割をとることを自ら避け，家族間の葛藤から身を遠ざけることで自分の心の安定を図ろうとするこどもたちです。親役割をとるこどもたちが，キョウダイの世話をする，家事を手伝う，留守番をするなどと実際の行動で示す形で"外に表す"とすると，引きこもるこどもとは，親・キョウダイとのあいだでおこってくる不安を「内に閉じこめる」こどもたちといえます。

こうしたきょうだいは，自分に対する親の愛情を惹きつけるために親の"目に見える"形で親役割を果たそうとするわけではありませんし，親の機嫌を損ねるような"目立った"言動で不平を表すわけでもありません。親の注目を引くことを避けようとするのですから，親からすれば"おとなしい，手のかからないこども"となるわけです。手がかからないことは，親に迷惑をかけないわけですから，親は「手がかからずありがたい」ということをほのめかし続けます。こどもはもともと親からの承認や賞賛を求める存在ですから，ありがたがられている「手がかからない」ことをやり続けようとします。いやなことがあっても表情にすら表さない，親が安心しているように見えるのであればあえて何もしようとしないという，"極端な行動抑制"といってよい状態が現れます。たとえば，キョウダイからおもちゃをとられても怒ることなく違うおもちゃを探して遊ぶ，お母さんからだっこされていてもキョウダイが近づいてくると自ら床に降りようとする，自分がこけて泣いていてもキョウダイがお母さんに抱かれていたら，お母さんには近寄ろうとしないなどです。

シーゲルらは，「私はあなたのキョウダイのことで精一杯なのよ」

という親からのメッセージがこうした引きこもり行動のきっかけとなるといいます。親としては「あなたのことはやっている暇がありません」とはっきり言うわけではなく、なんとなくそうした雰囲気を醸し出してしまうところが問題となります。こどもは親の気持ちを推し量ることを通して自分の行動を決めようとするからです。むしろ、はっきりとことばにされず、ほのめかされる曖昧な雰囲気こそがこどもの心を敏感にさせます。自分のことまでお母さんに手間をかけさせては申し訳ない、という"優しすぎる"配慮が自分の不安や不満を内在化させてしまい、感情を表に出すことができなくなる人格を形作っていくことにつながるのです。

　言いたいこと、したいことを表に出さず我慢をし続けていると、満たされなさから、だんだんと気分がめいってきたり、食欲がなくなったり、眠れなかったりと心の不調が現れることがあることは私たちおとなは誰しもが経験していることだと思います。こどもの場合、かまってくれない、自分にはあまり話しかけてくれない、ほめてくれない、などという親からの見捨てられ感や見放され感といったものは、お小遣いが少ないとか、洋服を買ってもらえないといった物理的な欲求不満よりはるかに満たされなさを感じさせることにつながります。そして、こどもは少しずつ、表情が暗くなったり、怒りっぽくなったり、機嫌が悪くなったりと心の状態を変化させていきます。シーゲルらは、こうした引きこもり行動を示すこどもたちに見られる心の状態の背景に「うつ」があると考えています。

　こどもの「うつ」の場合、"ただの不機嫌"として見過ごされてしまいがちであることに注意しなければなりません。こどもの場合、不機嫌であると、「なにそんなことで怒ってるの！」と親に叱られてますます気分が落ち込んでしまうわけですからやっかいです。引きこもりタイプのこどもたちがいつも機嫌が悪い、気分が変わりやす

いときは，心の中で大きな不安や不満が渦巻き始めていることをおとなは察知してあげなければならないのです。

シーゲルらを参考に，こどもの「うつ病」の徴候を見てみましょう。

●**快感情の喪失**（anhedonia）：生活の上での喜びや楽しみがなくなるし，そうしたものを求めようとしなくなります。友達を求めないし，休み時間などでも友達集団から外れ始めます。テレビを見ても，漫画を読んでも，おいしい食事に行ってもそのことで気持ちが高まらないので，表情もなくなります。いつもふさぎ込んでいるように見えたり，考えごとをしているような表情になります。

●**学校の成績の低下**：自分の心の中に浮かぶ「考え」にとらわれてしまい，そのことで心がかき乱されてしまうことがあります。そのために集中力が低下し，結果的に成績も落ちてきます。キョウダイ関係でいえば，「お母さんはどうして私と遊んでくれないの？ 私のことはキライなんだ」と幼な心に思いこみ始めると，そのことが頭の中を始終，ぐるぐると駆けめぐって勉強どころではなくなります。失恋をして元カレや元カノのことで頭がいっぱいになって他のことは何も考えられない経験をたいていのおとなはしていることと思います。それはそれでつらいことです。しかし，彼氏や彼女は次を見つければすみますが，「大切な生みの母親」は次を見つけることは"絶対に"できないのですから，悩みは深刻です。

●**エネルギーの低下**：いつもうたた寝をしていたり，ぐったりと前屈みの姿勢で座っていたりなど全体的な元気がなくなります。頭痛，腹痛，眠気，疲れやすさなどの身体症状を訴えたり，無口になったりします。不登校になりそうなこどもたちが朝，学校に行く前になるとこうした体の症状を訴えることが多いのですが，心の健康状態の低下はからだの不調として表れてきます。そうした症状を「気

第 1 節　きょうだいのいろいろな思い

のせいよ」「がんばれば大丈夫」などと無責任に放っておくことは禁物です。からだのケアを通して心のケアを求めていると考えてもらえば結構です。こどものころ，おなかが痛いときにお母さんにおなかを「よしよし」とさすってもらうと何となく痛みが取れる気がしたことは誰しもあるでしょう。胃の痛みがおなかをさする程度でよくなるのなら医者はいらないわけですが，確かに痛みがやわらぐ感じがするのは心とからだがつながっている証拠です。小さいこどもが頭にたんこぶを作っても，お母さんが笑顔で「痛いの痛いのとんでけー」とやるとこどもが泣きやむのは痛みが飛んでいっているわけではありません。こどものエネルギー低下の背景に大人のケアの足りなさが隠れているかもしれないのです。

●自己評価の低下：セルフエスティーム（self esteem）といいますが，自分自身に「自信」がもてない状態とお考えいただければよいでしょう。自分は何かにつけて「できない」「へた」「にがて」といった感覚です。親からほめられたり，感謝されたりなどの経験が少ないので自分に自信がもてなくなるのです。親からすると"手のかからないよい子"ですからわざわざそれをことさらほめたりしなくても，「この子は分別がついている」ととても高く評価をしますが，そうしたおとなの気持ちとは裏腹に，こどもは自己評価を高める機会をもてず，だんだんと自信を失っていくのです。端から見るととても上手にできているのに，何度も消しては書き直したり，作り直したりして完璧を求めるこどもたちの様子を目にしたとき，「几帳面でとても良い子」と単純に思ってはいけません。過剰な完璧主義は「強迫」症状といって，見過ごしてはいけない不安症状であることがあります。こだわりや確認行動，繰り返し行動が不自然に見え始めたときは要配慮です。必要以上に手を洗う，ドアに鍵がかかっていることを繰り返し確かめる，特定の数字やことばを極端に忌み

引きこもる子ども

嫌って避けようとするなどは強迫症状の例です。

　自己評価が低い場合，物事に自信がないわけですから，失敗するとそれを過剰に後悔したり，自分を責めたりする傾向が現れることがあります。いわゆる罪悪感を感じやすい状態になって，必要以上に「ごめんなさい」と謝ってみたり，極端な場合には，「妹の○○ちゃんが上手にお話ができないのは私がお利口にしていないからだ」とキョウダイの障がいについてまで自分と関連づけてしまっている場合もあります。

　●**孤独感**：自分だけに焦点を当ててほめられたり，甘えさせてもらえたりという機会が乏しいわけですから，基本的に"ひとりぼっち"の感覚にとらわれてしまいがちになります。親やキョウダイとの関わりから，好きで引き下がっているわけではなく，"しかたなく"そうすることで心の安定を何とか保とうとしているわけですから，この状態は決して精神的に"健康"な対応方法ではありません。人との関わりを絶つということは当然，寂しさ，悲しさ，取り残され感，はずれ感，といったひとりぼっちの感覚につながります。こ

の孤独感が気分全体の落ち込みにつながって「うつ」の状態を呈し始めることがあるのです。

③行動化するこども（Acting out child）

行動化（acting out）というのは，怒りや不満，不快な感情を感じた場合に，社会的に受け入れられない形で「行動」として表してしまうことをいいます。暴言を吐く，暴力をふるう，物を壊すなどといったものです。

親ごさんにとっては，親役割をとるこどもたちや，引きこもるこどもたちと比べるととても困ってしまう"手を焼く"きょうだいでしょう。しかしながら，お母さんとの分離不安を自ら覆い隠し，がまんをし続け，その結果，抑うつ的な状態になってしまう可能性のある場合より，こどもの立場に立てば"健康的"といえるかもしれません。自分の不安や不満を大人に"わかりやすい"形で表現してくれているからです。要は，暴言・暴力などではない，より社会的に適切な方法で自分の感情を表現させてあげられる機会をおとなができょうだいに提供できているどうかが問題となります。

こうしたこどもたちの場合，おとなの関わりとして次のような振り返りが必要でしょう。それは，感情が爆発する"前"段階でのものです。この場合，タイヤの"空気圧の調整""ガス抜き"という用語があてはまるかもしれません。暴力や暴言はいわば，ガスを入れすぎたタイヤが破裂した状態と同じです。ガスを入れすぎないようにするか，あらかじめガスを抜いてあげることで破裂は防げます。きょうだいが暴力をふるう（タイヤが破裂する）のは，ストレスをため込ませすぎた（ガスを入れすぎた）か，ストレスを発散させる機会を提供できなかったか（ガスを抜かなかった）のためであると考えることができるでしょう。キョウダイを含む家族関係の中での

不満や不平を行動で表現するこどもたちには，そうした感情をため込ませすぎないように配慮したり，そうした気持ちを解きほぐす機会をもつことを常に心がけておく必要があると思われます。ですから，暴言・暴力で感情を表すこどもたちに対して，こうした"ガス抜き"なく，「頭に来たら口で言えばいいでしょ！」「口で言えないなら，手紙でも書きなさい！」「お母さんに言うのがいやならお父さんに言いなさいよ！」と暴言・暴力ではない方法を要求してもまったく効果はありません。ことあるごとに，「さっきは頭に来たと思うけどよくがまんできたね」「○○ちゃん（キョウダイ）の面倒をよくみてくれてありがとう。助かるよ」ときちんときょうだいをねぎらう態度をとることをおとなが心がけることだけでもガス抜きの役に立つことでしょう。

　行動の理解の仕方──行動分析──　行動分析（Behavior Analysis）という立場があります。行動分析では，人の行動を先行条件（Antecedent）－行動（Behavior）－結果（Consequence）の3つの関係性でみるABCアプローチという考え方をします。きょうだいにみられる暴言・暴力といった行動は，その行動を行う前にどういった状況であったのかをしっかりと把握し，暴言・暴力に至った原因を取り除いたり，足りなかったことがあればそれを用意するといった"先行条件"の調整をしっかりと行います。また，暴言・暴力の後におとながどのような関わりを行ったのか，こどもにとってどのような変化がもたらされたのかの"結果"の分析も重視します。キョウダイに対して手を挙げたきょうだいがいたとしましょう。自分の好きなおもちゃをとられるという経験を繰り返しているきょうだいにとっては，「おもちゃをとられる部屋の状況」が先行条件になります。おもちゃをとられないよう遊びの空間を分けてあげるなどの配慮（先行条件の調整）で不必要なきょうだいげんかは避けられ

行動化する子ども

ます。怒りを感じるとすぐにお母さんに物を投げつけるお兄ちゃんがいたとしましょう。お母さんがすぐにあやまって、気分をなだめるためにお小遣いをあげるとしたら（不適切な"結果"）間違いなく、怒りを感じるたびに物を投げるようになるでしょう。

このように行動化するこどもたちには、気持ちとしてのガス抜きと、問題となる行動の背景や結果の調整を適切に行っていく必要があるのです。

家庭内のルールを守らないこと　きょうだいがある種の家庭内でのルールに従うことをかたくなに拒むことがあるときには、ルールを守れ‐守らない、の押し問答になる前に、そのルールについてきょうだい‐キョウダイ間の食い違いがないかどうか考えてみる必要があります。「おやつは手を洗ってから」と繰り返し言っても無視し続けるきょうだいがいたときに、キョウダイにもそのルールが厳しく課されているかどうか、振り返ってみなければなりません。こどもは課題や規則を"自分だけ"に課されることを極端に嫌います。こどもたちがよく言う"えこひいき"です。えこひいきは、ただの

不平・不満ではなく，背景に"嫉妬・うらやましさ"が隠れています。「お母さんはお兄ちゃん（キョウダイ）が好きだから手を洗わなくてもいいけど，僕のことはキライだから手を洗えって言うんだ！」となってしまうのです。ルールをキョウダイに"免除"しなければならない理由をきちんときょうだいに話す機会をもち，「お母さんから愛されていないから」「お兄ちゃんの方が好きだから」などといった親の愛情の程度と関係づけた間違った理由づけからきょうだいを解放してあげる必要があります。ルールに従わないことで，「僕のことも好きになってよ」と自分に対する"特別の愛情や配慮"を一生懸命に主張していると考えることが無難です。こうした親からの積極的な愛情表現で，きょうだいの心が満たされることによって"行動化"そのものが沈静化していくことも少なくありません。

④優れた行動をとるこども（Superachieving child）

このこどもたちは，親役割をとるこどもたちがキョウダイの世話をしたり，母親の役割を担ったりというように，家の中で"ありがたい"行動をとろうとするのと対照的に，家庭内ではなく，家庭外で優れた"業績"を残そうとするこどもたちです。しかし，これも自らの純粋な動機づけで業績を残すのではなく，他のこどもたちと同様に，親の目を自分に惹きつけようとするけなげな努力の結果と考えなければなりません。書道コンクールで特選をとるとお母さんが喜んでくれる，ピアノ発表会で演奏するのをお母さんが楽しみにしてくれている，野球で試合に出るとお父さんが笑顔を見せてくれるといったものです。決して，「大きくなったら書道の先生になる」といった活動そのものが純粋に目標となった行動ではありません。

シーゲルらは次のように考えています。親は，きょうだいとキョウダイを日々，見比べざるをえないなかで生活している。そうした

第1節　きょうだいのいろいろな思い　41

なか，きょうだいの成長が著しく，とても優れているように見えてしまうことによって，きょうだいの能力をきわめて高いものとして理想化してしまう。きょうだいは，この親からの理想化を感じ取り，"卓越した能力をもたなければならない"と親の理想の内在化（親の理想を自分の理想としてしまう）を引き起こしてしまう。その結果，きょうだいは能力的には決して標準を超えてはいないのに必死にがんばろうとし，親も標準以上の期待をかけてしまう。

　要するに，こどもが親の期待や理想を敏感に感じ取って，遊びや友達関係などを削ってまでも親の期待や理想にあわせて，何かを成し遂げることに必死にならざるをえなくなることがあるということです。成し遂げることで親へ喜びをもたらそうとするきょうだいの気持ちは，日々のお母さんやお父さんのご苦労を目にしているきょうだいにとって切実な思いでしょうし，涙ぐましい努力です。しかし，こうしたきょうだいの"業績"を単純に喜んでいるだけではいけないのです。業績には"上"があります。限りなく理想を追い求め続けることにつながり，「もっと上手に書こう」「もっと美しく弾こう」と自分の中に内在化した親の理想をさらに成し遂げようとします。限りがないのです。限りがなければ，自分自身の「満足感」も得られません。親はまだ満足していないと思う限り，自分が満足できないのです。満足させるためには，次の作品を仕上げる，次のコンクールに出る，次の大会に出場することが目標になります。しかし，いつもいつも特選，優勝，金賞をとることができるわけではありません。入選しかできなかったときのお母さんの残念そうな顔を見ると，「不全感」だけでなく，ときに罪悪感すら感じることもあるでしょう。お母さんを満足させられなかったことを自分の過ちとして強く感じてしまうのです。そうして果てしない満足感を求めて日々の修練が始まるわけです。"成功"なくしては愛されないとい

優れた行動をとるこども

う感覚をもち始めることもあります。

　こうしたきょうだいたちは、親を満足させることが目的ですから、決して親に苦労をかけようとはしません。助けを求めようとしないので、親にとっては、「手のかからないよい子」になります。この点は、親役割をとるこどもたちや引きこもるこどもたちと同じです。手をかけずに外での業績を作り続けようとするわけです。シーゲルらは、このこどもたちを「キーキー摩擦音を立てながら走っている車輪。それでもオイルを補充してもらうことがない。自分自身がオイルだから」と表現しています。何かを成し遂げようとするエネルギーを自分の中から絞り出しながら必死で「成功」を求め続けるきょうだいの姿が浮かんできます。

　つまり、卓越した行動をとるこどもたちは、「よくがんばれたね」「とっても上手だよ」というそれまでの努力を十分に認めてもらうことばを必要としているのであり、「またがんばれば大丈夫だよ」「もうちょっと練習すれば金賞がとれるよ」といった次のがんばりを"励ましているつもり"のことばは必ずしも有効ではありません。今、現在のこども自身を肯定してやる心がけが必要なのです。

ほめるということに抵抗のある親ごさん方は私の周りでは少なくありません。わかってはいるのだけれどほめるタイミングを逃してしまう，なんとなく気恥ずかしい，ほめすぎることは甘やかしにつながる，などいろいろな理由が語られますが，こどもにとっては，今，ここでの生き様を肯定されるということは非常に大切であることをおとなは忘れてはならないのです。

第2節

きょうだいげんかから見える きょうだいの気持ち

1. はじめに

　お母さん，お父さんのなかには，きょうだいとキョウダイの関係について，悩んでいらっしゃる方も多いのではないでしょうか。とりわけ，きょうだいとキョウダイのけんか（以下「けんか」といいます）場面で，キョウダイに見られる対人関係上の難しさがからんでくると，きょうだいは，一般的なきょうだい－キョウダイ関係よりも「腹の虫をおさめる」ことが難しいことがあるようです。そのようなこともあって，お母さんやお父さんから，「きょうだいばかりをガマンさせてしまっているのではないか」「どのようにして，二人の関係を取りもっていけばいいのだろうか」という声をお聞きすることがあります。

　第1節でみたように，きょうだいは最強の遊び相手です。お母さんやお父さんは，きょうだい－キョウダイがうまくかみ合っているときには，そのきょうだい－キョウダイ関係を，だれよりも頼もしく感じることでしょう。しかし，その一方で，きょうだい－キョウダイはあっという間に最強のライバルともなりえますので，ときとして激しい争いになってしまうことがあります。けんかはそのよい例で，ついさっきまでは仲良く遊んでいたのに，少し目を離したすきに，とっくみあいのけんかになっているということが，よくあります。そこで，お母さんやお父さんは，あるときは何らかの介入を

したり，あるときはきょうだい－キョウダイの自主性にまかせたりして，見守っていらっしゃるのだと思います。多くの場合，きょうだい－キョウダイには年齢差があり，ややもすると一方的な関係になりがちですが，お母さんやお父さんが，そのように見守っていらっしゃることで，きょうだいたちは安心してさまざまな感情を体験し，成長していくことができます。多くのお母さんやお父さん，そしてきょうだい，キョウダイのそれぞれが，泣いたり笑ったりしながら，きょうだい－キョウダイ関係をはぐくんでいることでしょう。しかし，上述したように，ここにキョウダイの特性が加わると，それぞれの悩みが大きくなってしまうこともあります。そこで，この節では，けんか場面を取り上げ，きょうだいがお母さん，お父さんにどのようなことを望んでいるのかをさぐってみることにしました。

2. きょうだいげんかから見えるきょうだいの気持ち

　けんか場面できょうだいが感じている気持ちに近づいていくため，きょうだいに，けんか場面の絵をかみしばい形式で見てもらい，そのときの登場人物の気持ちやねがいを尋ねる，という調査を行いました。お母さんやお父さんからよくお聞きするけんか場面としては，「きょうだいがキョウダイからおもちゃを取り上げられる」場面があげられます。そこで今回は，おもちゃを取り上げるこども，おもちゃを取り上げられるこども，それを見つけたお母さんの3人に，かみしばいで登場してもらうことにしました。そして，きょうだいの気持ちやねがいをよりくわしく知るために，定型発達児（いわゆる健常児のこと）をきょうだいにもつこどもたちにも協力してもらい，感じ方の違いをみてみることにしました。

46　第1章　きょうだいについて考える

かみしばいの流れ

① 二人はきょうだいです。いつもは仲良しの二人ですが，ある日，えいこちゃんが自分のおもちゃで遊んでいると，たろうちゃんがやってきて，えいこちゃんのおもちゃを取り上げようとしました。

（こどもに質問）

② たろうちゃんは，とうとうえいこちゃんのおもちゃを取り上げてしまいました。

（こどもに質問）

③ ここに，お母さんがやってきます。

（こどもに質問）

④ この後，二人は仲直りをして，お母さんが持ってきてくれたドーナッツを食べ，楽しいお話をしました。

なお，ここにのせた絵は，えいこちゃん（女子）がたろうちゃん（男子）からおもちゃを取り上げられるところですが，実際のきょうだい－キョウダイの性別によって4パターン（女子どうし，男子どうし，男子と女子）の絵を用意しました。かみしばいの終わりでは，二人が仲直りをした様子を見せて，けんかの場面を見たことによって生じるかもしれないネガティブな感情を残さないように配慮しました。一つの絵を見せるごとに，こどもたちにはその場面で感じる気持ちについての簡単な質問をしていきました。たとえば，お母さんが現れる場面では，「お母さんが何て言ったら，えいこちゃんは嬉しい気持ちになる？」などです。

　その結果，「きょうだいがキョウダイからおもちゃを取り上げられる」場面では，きょうだいにとって，「お母さん，お父さんに気にかけてもらっている」という感じをもてることが一番大切だということがわかってきました。本節「はじめに」で取り上げたようにお母さん，お父さんは，すでにきょうだいとキョウダイの関係に心をくだいていらっしゃいます。試行錯誤しながらきょうだい－キョウダイのあいだをとりもつための工夫をしておられると思いますが，こうしたお母さん，お父さんの工夫や気持ちがきょうだいに伝わることそのものが，実は，きょうだいにとって，「腹の虫をおさめる」大きな手助けになっているのです。きょうだいが納得するような対応ができていないのではないか，という不安をもっておられる親ごさんも多いと思いますが，いま，さまざまな面で行っておられる「きょうだいに心をくだく」対応それ自体が，きょうだいの支えになっているのです。あいだをとりもつことがうまくいった，いかなかったという結果ではありません。そうしてきょうだいの気持ちを推し量ろうとしている親ごさんの態度がきょうだいに伝わることこそが大切なのです。

親ごさんの手助けで，腹の虫がおさまることも…

3.「こんなふうにしてくれたらいいな」の代表例

　それではここで，協力してくれたきょうだいそれぞれの「こんなふうにしてくれたらいいな」の代表例を追いながら，きょうだいの気持ちやのぞみを，より具体的にみていきたいと思います。

　今回取り上げた「おもちゃを取り上げられる」場面では，きょうだいは，お母さん，お父さんに対して，「ぼくたち，私たちの気持ちをわかってほしい！」という気持ちや，「けんかを具体的に解決してほしい！」という気持ちをもっていることが多いことがわかりました。

① 「ぼくたち，私たちの気持ちをわかってほしい！」

　それではまず，きょうだいの言う「ぼくたち，私たちの気持ちをわかってほしい！」とは，どのようなことを指しているのか，かみ

しばいの流れでみてみましょう。

　突然おもちゃを取り上げられてしまったきょうだい（調査の結果からすると，きょうだいは，おもちゃを取られるえいこちゃんに自分を重ねていることが多かったようです）。おそらく，とてもびっくりしたことでしょう。そして，次の瞬間には，「なんでおもちゃを取り上げられちゃったのだろう」という素朴な思いをいだくと同時に，「私は，なんにも悪いことをしていないのに」と腹をたてたり，「いつもこうだもん，もういいや」と，すねてあっさりと引き下がってしまったりすることもあるでしょう。きょうだいは，それぞれ，いろいろな思いを抱きます。しかし，決してうれしい気持ちではないことは確かです。このようなとき，あるお父さんは，「いきなり取られちゃったから，びっくりしたね」と声をかけたり，あるお母さんは，「おもちゃを取られて，くやしかったね」など声をかけたりするでしょう。そのようなお母さん，お父さんのことばがきょうだいの気持ちにぴったりきたときに，きょうだいは，くやしい気持ちをいだきながらも，ちょっぴり落ち着いて，「腹の虫」をなだめることができるようです。また，たとえ，ぴったりこなくても，「お母さん（お父さん）は，私がくやしい気持ちになっていることをわかってくれている」と思えるだけで，そのくやしさは半減するようです。反対に，気持ちをくみとってもらう前に，「おもちゃぐらい…」と叱咤されてしまうと，「私の気持ちもわかってくれないで！」と不満に思うこともあるかもしれません。

　また，声かけとともに，抱きしめたり，頭をなでてあげたりするというようなスキンシップも，きょうだいにとっては安心につながります。とくに，きょうだいが幼いころには，思う存分に抱きしめて泣かせてあげることも，「僕たち，私たちの気持ちをわかってくれた」ということにつながるようです。

親ごさんが気にかけてくれるから…

　ところで，このようなときに注意しなければならない大切なことが一つあります。それは，声をかけたり，頭をなでたり，抱き上げたりするときの"順番"です。というのも，このような場面では，パニックになっているキョウダイを落ちつかせるため，親ごさんが，一目散にキョウダイの元にかけつけてしまうことがあるからです。きょうだいは，「おもちゃを取られたのは自分なのに，なんでお兄ちゃんをだっこするの？」とか，「おもちゃをこわしたくせに，なんで，お母さんはお兄ちゃんをよしよししてるの？」という思いをつのらせ，腹の虫がますます暴れまわってしまうことも考えられます。可能であれば，まずは，きょうだいのそばにいって声をかけ，そして，キョウダイを抱き上げるなどの心遣いがあると，きょうだいの気持ちも報われます。

②「けんかを具体的に解決してほしい！」

　つぎに，「けんかを具体的に解決してほしい！」というきょうだいの気持ちをみていきたいと思います。調査に協力してくれたきょうだいたちの中には，お母さん，お父さんがおもちゃをキョウダイから取り返したり，遊ぶ順番を決めてくれたり，ときにはキョウダイ

第 2 節　きょうだいげんかから見えるきょうだいの気持ち　51

をきちんと叱ったりすることなど，キョウダイだけでなくきょうだいにも納得のいく提案をすることを望む声が多くみられました。こどもは，けんかになると興奮してしまい，上手にけんかをおさめられないことがあります。気持ちばかりが高ぶって，何にも解決されないというのは，とてもストレスを感じることでしょう。そこで，きょうだいは，自分たちだけでは手に負えないところを，お母さんやお父さんに手伝ってもらいたいと思っているようです。

　ここでも，今回取り上げたけんか場面の流れでみていくことにしましょう。

　おもちゃを取り上げられてしまったきょうだいは，このあと，どうするのでしょうか。きょうだい－キョウダイで解決できるにこしたことはありませんが，なかなかうまくはいきません。ましてや，二人とも，ちょっとしたパニック状態になっていることも考えられますので，なおさらです。そこで，このようなとき，お母さんやお父さんに，ちょこっとだけお手伝いをしてほしいという気持ちを抱くきょうだいも多いようです。「一人ずつ交代でやりなさい」と言ってもらったり，「人形を取り返して」もらったり，場合によっては，もう一度取り返すとキョウダイを怒らせてしまうことを知っているので「もう一つ，同じおもちゃを買って」もらったりなどといった具体的な仲介をしてもらいたいと思っているのです。きょうだいが，どのようなタイミングで，どのようなお手伝いを求めているかについては一概に言えませんが，きょうだいが，きょうだい－キョウダイ関係のストレスにどれほど耐えられるのかの許容量を見極めながら，わかりやすい解決方法を提案してあげることは，きょうだいの「腹の虫」をおさめる大きな手だてになります。場合によっては，「もう大きいお兄ちゃんだから（お姉ちゃんだから），任せておけば大丈夫」とか「きょうだいげんかは，誰にでもあること。ほ

親ごさんの仲介が必要なときも…

っとけばいいや」というお気持ちになることもあるかもしれませんが，きょうだいによっては大きなカベと感じている子もいます。

　お母さんやお父さんが，日ごろから気にしていらっしゃるきょうだいの何気ない気持ちに，お母さんやお父さんなりのやり方で，そっと触れてあげること，そして，おとなから見れば，ささいなきょうだいげんかと思えることであっても，少しだけでも具体的に仲裁してあげることが，きょうだいにとっては，「お母さん，お父さんに気にかけてもらっている」実感につながるのだと思います。

4. それぞれの「こんなふうにしてくれたらいいな」

　それぞれのお子さんによって，食べ物の好き嫌いの違いがあるように，「腹の虫のおさめ方」にも，それぞれに個性があります。また，個性だけでなく，年齢によっても違ってきます。思春期に入ると，親友に話を聞いてもらったり，スポーツに打ち込んだりというふうに，家族に頼らないで腹の虫をおさめていくすべを覚えていく

ものですが，幼いころは，きょうだい自身，まだ自分の気持ちをしっかり理解できないことも多いので，お母さんやお父さんの手助けが欠かせません。お母さんやお父さんがきょうだいの「腹の虫」に気づくこと，それを大切に取りあつかってあげること，きょうだいの気持ちに添う形で「腹の虫をおさめてやる」こと，といったプロセスをへて，きょうだいは少しずつ「自分で腹の虫をおさめていくこと」を学んでいきます。

　毎日の生活の中で，きょうだいの腹の虫は，どんなふうに活動しているのでしょうか？　あるきょうだいは，腹の虫があばれるままに，キョウダイと大げんかを始めたり，お母さんやお父さんにやつあたりすることもあるでしょう。第1節でみてきたように，きょうだいにもさまざまなタイプがいますので，腹の虫をねじふせてあきらめ，よい子にふるまってみたり，腹の虫をねじふせようとして失敗し，そのいらだたしさからかんしゃくをおこしたりするきょうだいもいるでしょう。きょうだいが，キョウダイとの関係で，どのように「腹の虫をおさめて」いるのか，その方法はきょうだいにとって無理はないだろうかなど，お母さんやお父さんがさりげなく気にとめてやることで，きょうだいの「ぼくのほうも見て，私のほうも見て」という気持ちにこたえることになるかもしれません。そうした腹の虫のおさめかたこそ，1節で触れた「親役割をとるこども」「引きこもるこども」「行動化するこども」「優れた行動をとるこども」といったこどもの"生き方"につながっていく特徴ともいえるのです。

5. おわりに

　けんかはどこの家庭でもおこるものです。きょうだい‐キョウダ

腹の虫にも親ごさんの気持ちが伝わります

イたちは，けんかをしながら楽しむこともあれば，くやしい思いやつらい思いをすることもあります。きょうだいの「ぼくたち，私たちの気持ちをわかってほしい！」という気持ちや，「けんかを具体的に解決してほしい！」という気持ちにこたえてあげたり，きょうだいそれぞれの腹の虫に応じて，お母さんやお父さんがお手伝いして下さったりすることで，きょうだいに「あなたのことを気にしていますよ」というメッセージが伝わり，けんか自体が，それぞれの成長のためのこやしになるのではないかと思います。

第3節

きょうだいをめぐるお母さんの気持ち

これまでみてきましたように，きょうだいそれぞれが，さまざまな思いを抱きつつ，キョウダイをめぐって生活してきています。そして，同時に，日々，親ごさんは，きょうだいの寂しさや不満を察知し，きょうだいのためにできることを一生懸命考えて工夫されているようです。

ここでは，私たちが親ごさんに直接お話をうかがった中から，親ごさんがどんな状況の中で，どのようなことを考え，きょうだいのためにできることを工夫されているのかについて，いくつか例を挙げてみたいと思います。

1. お母さんのきょうだいへの思い，そしてきょうだいのための工夫

Aさんの場合…

> 今日は，キョウダイの療育の日。きょうだいもいっしょに連れて行けるのが一番いいけれど，療育機関の人からは，だめだと言われているし……。きょうだいだけ，保育園に預けるしかないかな。
> 保育園に預ける段になるときょうだいは，泣き叫んでなかなか私から離れない。「悪いなあ……，ごめんね」と私自身も泣きそうになりながら，でも，一緒に連れて行くことはできないから，きょうだいを保育士に託し，キョウダイの療育に。
> キョウダイの療育が終わると，「一秒でも早くお迎えに行ってあげたい」という気持ちになる。そして，キョウダイは連れて行かず

お母さんも会いたかったよ〜！

> に私だけで，きょうだいのお迎えに。きょうだいは，私を見たとたんに，走って抱きついてくる。「お母さんも会いたかったよ〜！」きょうだいも笑顔満点で，とても嬉しいみたい。私もこんな嬉しそうなきょうだいの顔をみると，嬉しさ倍増！

　このように，キョウダイの療育のためにきょうだいだけが保育園に預けられる状況の中で，待っていたきょうだいを受け止めてあげたい，喜ばせてあげたいという気持ちから自分一人できょうだいをお迎えに行くという工夫をされているお母さんもおられるようです。

Bさんの場合…

> キョウダイの療育の時間が，小学校一年生のきょうだいの下校の時間とぶつかってしまった。きょうだいはまだ一年生。お留守番をさせるのは心配だな……。そして，いつも，キョウダイの方にかかりっきりになってしまっているのに，私がキョウダイと二人っきりで出かけているあいだに一人で家で待っているのは寂しいんじゃな

第3節　きょうだいをめぐるお母さんの気持ち　57

学校に行っている時間に…

いかな……。きょうだいの負担になっていないかな……。そうだ！
　きょうだいが学校に行っている時間に，キョウダイの療育の予約をすることにしたら，きょうだいだけ留守番させる状況にはならないかも。できるだけ，キョウダイの療育の時間を日中にできるように，療育機関のスタッフの方と相談してみようかな。

　ある親ごさんは，このように，きょうだいが一人残されてしまうことの心理的な負担があるのではないかと考え，できるだけ，キョウダイの療育の時間をきょうだいが学校に行っている時間に調整しようと工夫されたようです。

Cさんの場合…

　今日は，キョウダイの療育の日。小学校一年生のきょうだいは，療育機関のスタッフの方に預けて，私は，キョウダイの療育に専念。きょうだいもスタッフの方に遊んでもらえるし，きょうだいも楽しんでるみたいで少し安心。きょうだいに，「行ってきま〜す」と手を振ると，きょうだいも，「いってらっしゃ〜い」と手を振ってくれる。
　療育が終わると，今度はキョウダイをスタッフの方に抱っこしてもらって，私は，きょうだいのお迎えに。今からの10分は，きょうだいに専念。お部屋に入って，「お待たせ。待っててくれてありがとう」というときょうだいが「抱っこ」と言ってくる。抱っこし

お待たせ！

てあげると，きょうだいが笑顔に。私もなんだか自然と笑顔に。

このように，療育機関のスタッフの方に協力してもらい，療育の後の時間を，待っていてくれていたきょうだいのための時間にしようと工夫されている方もいるようです。

思春期を迎えつつあるきょうだいをもつDさんは…

　小学校高学年のきょうだいと親子げんかしていると，「いつもお兄ちゃん（キョウダイ）ばっかり！」ときょうだいから言われた。やっぱりそう思っているのかなあ……？　これまで，キョウダイ中心で家族が動いてきたところもあったし。何か，きょうだいのためにできることはないかな。そうだ！　きょうだいの始めたバスケットサークルについて行ってみようかな。サークルの送り迎えの時間は，車の中で二人きりだし，共通の話題も増える。きょうだいは，家ではなかなか話さないし，二人きりの時間なら，家では言えないことやサークルでのことが聞けるかもしれないな。

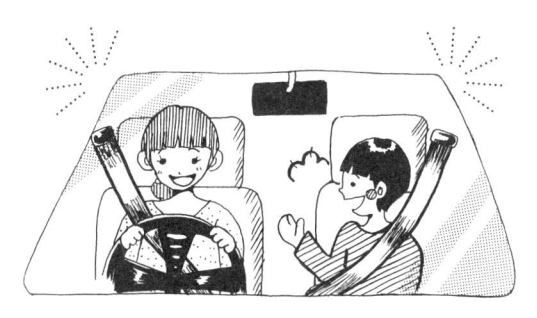

第3節　きょうだいをめぐるお母さんの気持ち

車の中でお話を…

　あるお母さんは，きょうだいのためにできることとして，きょうだいとの時間を設け，少しでもきょうだいと一緒にいることや，きょうだいとコミュニケーションをとろうとされているようです。

Eさんの場合…

　今日も，キョウダイに一日つきっきりだったな……。キョウダイの調子が悪いときは，私がいつも，キョウダイに付き添ってあげなくてはならない。きょうだいのことも見てあげないといけないとは感じるけど，一人じゃ二人をなかなか見られないな。何か，きょうだいとの二人だけの時間がもてたらな。お友達のお母さんは，休日はキョウダイはお父さんに任せて，きょうだいと出かけるって行ってたけど，うちは，お父さんが休日も仕事だからそれもできないし……。そうだ！　キョウダイはいつも先に寝てしまうから，その時間に，きょうだいとの二人の時間が作れたらいいな。
　寝る前にきょうだいと一緒に宿題したり，テレビを見たり，ゲームをしたり……。二人だけの時間をもっていると，私が一日中，キョウダイについていないといけないときも，きょうだいが「後で一緒に宿題しようね」とこっそり言ってきたり。それから，最近きょうだいの表情が優しくなったな。キョウダイへの接し方にも，なん

後でいっしょに宿題しようね！

二人の時間…

だか余裕があるみたい。私にも，余裕をもって話しかけてきてくれる。一方で，この時間は，私にとっても大切な時間。キョウダイを一日追いかけて終わった日には，本当にくたくたになってしまうこともあるけれど，きょうだいの嬉しそうな表情が見られると，なんだか，ほっと落ち着けるなあ。私も「今日も，一日，無事に終わって，よかった〜！！」って思える。

第3節　きょうだいをめぐるお母さんの気持ち　61

　ある親ごさんは，きょうだいとの時間をもつために，ご家庭の中でやりやすい方法を考えて，工夫されているようです。そして，こうしたきょうだいとの時間が，親ごさんにとっても大切な時間になっているようです。

　このように，きょうだいは，自分の方に振り向いてほしい気持ちから，言葉や行動など，さまざまな形で，親ごさんにメッセージを送っています。親ごさんは，こうしたきょうだいの行動や言葉，様子に気を配り，きょうだいの気持ちを察しようとされているようです。そして，できることを試行錯誤されながら取り組まれているようです。そうしたきょうだいへの対応の中で，きょうだいと心が通じ合っている感じがもてることで安心したり，また，きょうだいとのやりとりの中で，きょうだいの嬉しそうな表情から元気をもらえることもあるようです。
　一方で，お母さんやお父さんが自分のことを考えてくれたり，自分のために何らかの対応をとってくれることがわかることは，きょうだいにとっても，とても大切なことであると考えられます（第1章第2節）。先にも述べたように，きょうだいの行動やことばの裏側には，「自分のことを見てほしい」という気持ちがあると考えられます。こうしたきょうだいの気持ちに，親ごさんが目を向け，知ろうと懸命になる姿や，きょうだいの気持ちをくんで対応をとってくれることで，きょうだいの感じる寂しさや不満は軽減されることが考えられます。こうした対応の積み重ねから，きょうだいは，お母さん，お父さんが自分のことを大切にしてくれていると感じるようです。

2. お母さんの悩み

　これまで，お母さんがたの具体的な対応について述べてきました。それぞれのお母さんがたがきょうだいのためにさまざまな工夫をされています。一方で，「きょうだいのために，いろいろ考えて対応してみるけれど，きょうだいが満足できていないのではないか」と感じて心配になってしまうことがあるようです。また，「きょうだいの気持ちをわかってあげたいけれど，なかなかきょうだいの気持ちが見えない」と感じてしまうことがあるようです。お母さんのそうした気持ちの背景に，きょうだいの年齢にかかわらず，どうしてもキョウダイを優先してしまうことが多くなってしまうことや，きょうだいの考えていることがわからず，どう対応を取っていいかわからないということがあります。

Fさんの場合…

> 　キョウダイの世話などで，どうしても，キョウダイから目を離せない状況にあるときに，きょうだいから，「僕のこと好き？」と聞かれても，そのときに対応ができない。後から，きょうだいを呼んで，ギュッと抱きしめてあげると，きょうだいも自分のことも好きだと思ってくれていると感じてはいるようだけれど，日々の生活の中では，どうしてもキョウダイのことを優先してしまうことが多くなってしまう。そうなると，きょうだいは，「僕は二の次」と思ってしまうのではないかな……。二人とも同じくらい好きだけど……。

　というように，親ごさんはきょうだいの不満を感じた際に，「きょうだいのことも同じくらい好き」という気持ちを伝えるために，きょうだいへさまざまな対応の工夫をされます。しかし，どうしても，キョウダイを優先してしまうことが多くなってしまい，きょうだい

にはどうしても，自分は二の次と映ってしまうのではないかと不安になることがあるようです。

また，思春期に入り反抗期を迎えたきょうだいに対して，どう対応していいものかわからないという方もいらっしゃるようです。

G さんの場合…

> 以前は，ギュッと抱きしめてあげることで，きょうだいと心が通じているような気がしていた。でも，最近は，「こっちにおいで」と声をかけても拒むし，反抗的なことを言ってくる。私もついつい感情的になってしまうこともある。……きょうだいが何を考えているかわからないな。どう対応していいものか……。どうやって気持ちを伝えていったらいいものか……。

このように，きょうだいの反抗的な行動から，きょうだいの気持ちを読み取ることに難しさを感じ，どう対応してほしいのかわからないと感じてしまうお母さんもいるようです。

3. きょうだいへの対応に困ってしまったときには，誰かに相談を

以上のように，お母さんが，きょうだいとの関わりの中で，きょうだいのことも大切に思っていることが伝わっているか心配になったり，きょうだいの行動やことばからきょうだいの気持ちがなかなかわからないと感じてしまうことがあるかもしれません。このように，きょうだいと接する中で，一人で，また夫婦で解決することが難しいことや，迷ったりすることがでてくることがあるでしょう。そういうときには，一人で考え込まずに，いっしょにきょうだいを育てているパートナーや同じようにきょうだいを育てている親ごさ

んに相談してみることも一つの手だてです。そうすることで，悩みを分かちあえることもあるでしょう。また，具体的なアドバイスがもらえることがあるでしょう。さらに，キョウダイの療育機関のスタッフの方に相談してみるのも手だと考えられます。親身になって話を聞いてもらえたり，専門的な視点から，いっしょにきょうだいの気持ちや対応について考えてもらえるでしょう。

　そして何より，誰かに話すことを通じて，お母さんの気持ちがすっきりすることがあります。この"気持ちがすっきりする"というのが大事なのです。気持ちがすっきりすることでお母さん自身の心にゆとりができたり，気持ちが整理されたりして，きょうだいのことをより冷静に受け止められるかもしれません。さらには，お母さんのすっきりとしたにこやかな顔を見て，きょうだいはますますお母さんのことを好きになるでしょう。そのためには，まず"言葉にして話してみる"ことから始まるのです。誰かに相談することは，決して「家族の秘密を漏らす」ことや，「人まかせ」ではありません。きょうだいへの思いをことばにしながら，お母さん自身が，適度に息を抜きつつきょうだいと関わっていくことが大切なのです。

　また，相談することで人から得られたさまざまな情報をそのままやってみようとする必要もありません。「ふーん，そんなやり方もあるのか……」と思う程度でよいのです。そうした"そんなやり方"の手札がたくさんお母さんの手元に集まることがむしろ大切なのです。いざというときの切り札は，多くの手札がそろえばそろうほど，バリエーションに富むのです。自分に合わない手札は底の方にしまっておいて，なにかのときのために大切にしておけばよいのですから……。

第 3 節　きょうだいをめぐるお母さんの気持ち

4. きょうだいと通じ合うために

　このように，お母さんは，行動やことば，また様子などから，きょうだいの気持ちを知ろうと思いを巡らせています。そして，きょうだいの不満を少しでも軽くしてあげるために，きょうだいのためにできることを考え，工夫して行動されています。

　こうした対応を一生懸命に行っていく中で，ピタッとくるときがあると思います。たとえば，寝る前に，きょうだいと二人だけでいると，何となくやさしい気持ちになれて，きょうだいと気持ちが通じ合っている感じがもてることがあります。このようなときの"気持ちが通じている感じ"は実はとても大切なのです。そうした気持ちをお母さんがもてているときには，きょうだいも，同じ気持ちであることが多いのです。

　ただ，懸命にきょうだいに対する関わりを工夫していっても，なぜか思うようにいかないことはあり得ます。そうした場合に，お母さんは，「きょうだいが何を考えているのかわからない」「きょうだいの気持ちが見えない」と感じることがあるかもしれません。そして，「これで本当にいいのかなぁ……」ときょうだいへの対応に迷っ

気持ちが通じて…

てしまうこともあると思います。

　うまくいかないときに不安に感じたり，迷ってしまうことはおかしなことではなく，ごくごく自然な当たり前のことです。ただ，通じ合える感じにつなげていくために非常に重要なのは，お母さんがきょうだいのために"一生懸命"な姿であることのように思います。

　お母さんの姿勢のちょっとした積み重ねによって，きょうだいが，「ぼく（私）のためにお母さんが何かしてくれている」という実感をもつことにつながるのです。そうした思いが，きょうだいが感じている気持ちを和らげ，安心感につながっていきます。こうした実感が，きょうだい自身の「自分はお母さんから大切にされている」感覚につながってくるように思います。"自分は大切にされている"という思いは，きょうだいの元気の源にもなるのです。

第2章

きょうだい支援の場をつくる

第1節

"主役"を楽しむプログラム

1. 主役体験

　これまでに述べてきましたように，きょうだいの自由な行動や表現などは，家族の優先順位にはばまれることもあり，家庭の中では多かれ少なかれキョウダイが中心になる環境におかれやすいように思われます。そのため，きょうだいは，自分らしさを心のうちに押しとどめ，がまんや遠慮を重ねながら，キョウダイを支える家族の一員としての役割を一生懸命に演じていることがあります。お母さんの"役に立つ"お姉ちゃんや，キョウダイを"守る"お兄ちゃんの役割を引き受けて，それが自分の"当然"の仕事であるかのように思っていることも少なくありません。言い換えれば，ありのままの自分を表現し，それを受け入れられる体験を十分もてないままに成長していく可能性があります。こうした視点から，私たちは，きょうだいが安心して自分らしさを表現し，それが受け入れられる"主役体験"が，きょうだいらしさを生かすために大切な視点と考えるようになりました。

2. きょうだいグループ

　きょうだいの"主役体験"のために，私たちはキョウダイの宿泊形式の療育キャンプに同行してきた小学生のきょうだいを対象に，

グループ活動を並行して実施しました。また，これとは別に，毎月日曜日に，きょうだいのために企画した（キョウダイへの同行ではない）グループ活動も実施してきました。グループには家族で参加していただき，キョウダイには援助者がついて別室で保育を行いました。

　きょうだいは，大まかに低学年と高学年の二つにグループ分けをしました。年長児から年少児への必要以上の配慮や気遣い，また，年少児から年長児へ向けられる遠慮や過剰な甘えの表現を極力，避けるためです。そうすることで，家庭においてキョウダイーきょうだい間でおこっている関係のありかたが，きょうだい同士の関係の中に写し込まれることを未然に防ぐことを心がけました。年長児が年少児のお世話をする，あるいは，年少児が年長児を気遣うような家庭内の対人関係の構造が再現されることは，きょうだいプログラムにおいて最も避けられるべき内容と考えられるからです。

　さらに低学年と高学年では，必然的に遊びの内容も変わってきます。高学年になると，より複雑なルール性の高い遊びを好むようになります。そのため高学年では，低学年と同じ内容のゲームであっても，複雑なルールを加え，より楽しめるように工夫しました。

　学童期は，親子関係という二者関係から仲間関係へと広く社会的に自分を位置づけていく移行期にあたります（後藤ら，1982）。同年齢の仲間集団で遊ぶことは，仲間との対人関係や社会性を育てることができる重要な体験と考えられています。同年齢の仲間集団の中で，安心して自分らしさを表現できるプログラムが，きょうだいたちをさらに元気にさせ，心のエネルギーをたくわえることにつながるのではないかと考えました。

　以下に，プログラムについて具体的に紹介します。

3. きょうだいプログラムについて

(1) きょうだいプログラムの目的

　きょうだいプログラムは，同年齢の仲間集団の中で，活動を楽しみながら安心して自分を表現し，それが受け入れられる体験をねらって行いました。また，きょうだい同士が集まり，プログラムを通して仲間としての交流を深め，つながりをもつことで，将来的にお互い相談し合える仲間がいることを知るきっかけになるのではないかと考えました。

　きょうだい同士の関わりを促すだけでなく，一人ひとりがしっかりと"見守られ""支えられている"という感じをもってもらえるよう，リーダーとは別に各きょうだいに対して，個別におとなの援助者をつけるようにしました。きょうだいはキョウダイの療育場面についていくことも多いと思いますが，自分の担当者がいないのを寂しがっていると耳にします（第1章第3節参照）。そうした"寂しさ"へのサポートの意味合いももたせました。

　プログラムとしては，一体感をあじわい仲間意識を深める活動，グループの中での自己表現を楽しむ活動，チームで協力する活動を，参加者の様子に合わせて，組み合わせて行いました。

　きょうだい支援活動においては，自分の体験を語り合うような話し合い活動を行う場合もあると聞きます。しかし，今回私たちが関わったグループでは，きょうだいが描く絵やコラージュには，キョウダイが特別な存在として示されることはなく，自然な存在として認識されているように思われました。これらのことから，このグループにおいては，自分の体験を語り合うような話し合い活動は取り入れず，遊びを通してきずなを深めることと，同年齢集団内での主役体験を大切にしていくことにしました。

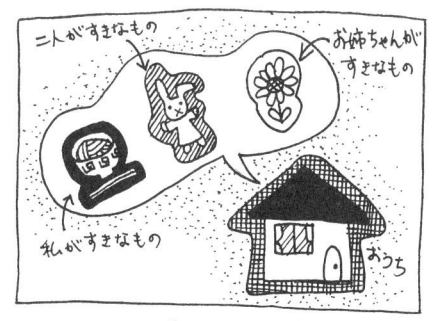

第1節 "主役"を楽しむプログラム　71

コラージュ「私ときょうだい」

きょうだいの作った作品

家族の紹介

家族の紹介

　具体的なプログラムは，表に示します。

(2) きょうだいプログラムにおける配慮

　プログラムは，グループの経過に合わせて，少しずつ変えていく工夫をしていきました。

　初期は，きょうだい同士が仲良くなり，グループの一員として意識が高まるようなプログラムとしました。その中でも，きょうだい

表2-1 きょうだいプログラム

(1) 一体感をあじわい，仲間意識を深める活動

プログラム	内容・手順
名札づくり	画用紙に自分の名前と自分の似顔絵を書く。そのほか自分の好きなものを書いて良いことを伝える。
肩叩きゲーム	輪になり，"もしもしかめよ"の歌に合わせて，肩を叩くゲーム
人間知恵の輪	メンバーが隣どうしになるように手をつなぎ，内側を向いて，一つの円をつくる。手はつないだままで，つないだ手と手の間をくぐったり，またいだりして，お互いにからみあう。充分からんだところで，とく役が，相談しあいながら，もとの円になるようにもどす。
ケイドロ	警察役とドロボウ役に分かれ，警察がドロボウをつかまえる。つかまったドロボウは，ろうやに入れられるが，仲間にタッチされると，ろうやから逃げ出すことができる。全員ドロボウがつかまると，役を決めなおす。
何でもバスケット	一人オニをきめ，オニ以外のメンバーが，椅子を円に並べて座る。オニはメンバーの特徴を見て，共通するものを言う。それにあてはまる人は，椅子からはなれ，他にあいている席をさがして座る。座れない人が，次のオニになる。
だるまさんがころんだ	オニを決める。オニ以外は，離れたスタートラインに並ぶ。オニがかべを向き，「だるまさんがころんだ」という間に，他メンバーはオニに近づく。オニが言い終わると同時に振り向くと，他のメンバーは静止する。その際に動いたメンバーはオニに名前を呼ばれ，オニと手をつなぎ，他のメンバーに助けてもらうのを待つ。メンバーがオニに近づき，メンバーにタッチすると，捕まったメンバーも解放され，逃げる。オニが「ストップ」と声をかけると止まる。オニが歩ける歩数を伝え，その分だけオニは歩き，その時にオニにタッチされた人が，次のオニになる。
新聞紙乗りゲーム	2つのチームに分かれ，広げた新聞紙にそれぞれのチームで乗る。代表者が順番にじゃんけんをし，負けたチームが新聞紙を半分に折っていく。負けると新聞紙が狭くなるため，落ちないように，お互いに協力して乗る。新聞紙から落ちたチームが負けとなる。
チェギチャギ	ダンボールを板として，メンバーが4つの角をそれぞれ持ち，10円玉を何枚か重ねて作った羽を弾く。何回弾くことができるかを楽しむ。

表2-1 きょうだいプログラム（つづき）

(2) グループの中での自己表現を楽しむ活動

お絵かき	テーマについて，自由に絵を描き，色をつける。みんなの前で絵を紹介する（例；夏休みにしたいこと）。
ジェスチャー伝言ゲーム	2つのチームに分かれ，それぞれ一列にならぶ。お題の書いた紙を一番目のメンバーのみが見て，それをジェスチャーで次の順番の人に伝える。一番目のメンバーが，ジェスチャーをしているときは，二番目のメンバーのみがジェスチャーを見ている。三番目のメンバー以降は，後ろを向いて座る。二番目のメンバーに伝わったら，三番目のメンバーを呼び，ジェスチャーを見せる。それを繰り返し，最後の人が思ったこたえを言う。
人形づくり	ペアになり，ひとりは人形役，もうひとりが，決まったポーズを人形役にとらせる。人形役は目をとじて，ことばは話さず，自分からは動かない。人形をつくる人にまかせる。

(3) チームで協力する活動

かたつむりゲーム	床にかたつむりの形にテープを貼る。2チームに分かれ，各チームは，コースの端と端からスタートする。一番目のメンバーは，テープの上を早歩きで進み，相手とぶつかったところで，じゃんけんをする。勝ったチームは進み，負けたチームは別の二番目のメンバーが進む。相手の陣地まで進んだ方が勝ちとする。
新聞紙玉入れ	2つのチームに分かれ，時間以内に相手の陣地に新聞紙の玉を投げいれる。新聞紙の玉が少ないチームが勝ちになる。
河童の遠足	河童のように紙皿を頭の上にのせて歩く。紙皿が落ちると，動くことができなくなり，その場に止まる。他メンバーから，頭の上に紙皿をおいてもらうと，再び歩くことができる。陸地をシートで表し，その上では紙皿がなくても動くことができる。
長なわ	長なわをする。なわとびの端を持ち，なわとびを回す役を決める。"ゆうびんやさん"の歌に合わせて，一人ずつなわとびをとぶ。
宝さがしゲーム	2チームに分かれ，①〜⑦の番号が書いてある封筒を探していく。封筒には，それぞれクイズやゲームなどが書かれた指令が入っている。チームで協力して，問題を解いたり，ゲームをすると，次の指令の入った封筒がもらえる。最後の封筒に宝の隠し場所が書いてあり，宝を見つけてゴールとする。

一人ひとりが注目されやすい内容と，ゲーム性のある内容を組み合わせて実施しました。具体的には，名札づくりをして自己紹介，肩叩きゲームや人間知恵の輪，お絵かき，じゃんけん列車，ケイドロ，何でもバスケットなどです。そして，きょうだい同士の自発的な交流がみられるようになってきたころから，チーム対抗戦を行ったり，メンバー同士の協力や一体感，仲間意識が得られるプログラムを行いました。ここでは，だるまさんがころんだ，新聞紙乗りゲーム，かたつむりゲーム，新聞紙玉入れ，河童の遠足，ジェスチャー伝言ゲーム，人形づくり，チェギチャギ，長なわ，宝さがしゲームなどです。宝さがしゲームやジェスチャー伝言ゲームでは，お互いに協力して課題を解決していくことや，ことばを使わずに身体表現で相手に気持ちを伝えていき，気持ちが伝わるうれしさを実感することもめざしました。

　活動当初は，おとなである私たちがプログラムを考え，グループを動かしていました。しかし，後半は，グループのまとめを意識し，さらにきょうだいが自分たちのグループであることをより実感できるように，それぞれのきょうだいが希望するプログラムを一つずつ実施しました。どのプログラムにおいても，きょうだいがグループの一員であることの意識を高め，楽しんで積極的に参加できるように促しました。

　グループ終了後は，毎回，感想やおもしろかったプログラム，あまりおもしろくなかったプログラム，次回したいプログラムを用紙に記入する時間を設け，意見が出やすい雰囲気を心がけました。そして，グループ中に，きょうだいからアイディアが出ると，それを尊重し，できるだけ柔軟に取り入れていきました。

（3）グループの様子・経過

　仲良くなるまでは、グループ全体が緊張した雰囲気で、きょうだい同士、名前を呼び合うこともみられませんでした。そのため、緊張をほぐしてグループが盛り上がるゲームを多く取り入れ、自由に遊べる雰囲気を作るようにしました。なれてくるに従い、お休みのきょうだいがいると、「えー。○○ちゃんがいないと、寂しい」と残念がる声も聞こえるようになりました。

　新聞紙玉入れなどチーム対抗のプログラムでは、作戦タイムをとることにすると、きょうだいから積極的に「こうしたらいいよ」と作戦を出し合う様子がみられるようになりました。ゲームの中でのきょうだいからの提案はできるだけ取り入れるように工夫しました。次第に、きょうだい同士が互いに配慮し合い協力する様子や、連係プレーの方法などを相談する姿、チームが勝つと一緒に喜ぶ姿がみられるようになりました。また、「人に当てるのは危ないからやめよう」などと配慮する意見も出されるようになりました。チェギチャギでは、グループの中でリーダーの役割をとるきょうだいもみられ、リーダーのかけ声に合わせて、全員が協力することもありました。長なわでは、きょうだいのひとりがひっかかると、「もう一回しよう」ときょうだいメンバーから声が上がり、「がんばれ」と応援する声も聞かれました。そのひとりがひっかかることなく飛ぶことができると、自然に拍手がおこりました。

　グループの後半は、きょうだいの希望するプログラムを一つずつ取り入れ、行うことにしました。その話し合いのときには、「これがよい！」とさかんにそれぞれが自分の好きなプログラムを主張し、「早くやりたい！」と、とても楽しみにしている様子でした。宝さがしゲームは人気があり、各チームでは、出された指令に対して、互いに相談し合い、協力する様子がみられました。

いーち, にーい, さーん

チェギチャギ

そのようなグループの様子にあわせるように，回が進むごとに，グループ終了後の自由遊び時間が長引き，自然に追いかけっこを始めたり，トランポリンで遊んだりともりあがる姿がみられました。最初はグループに参加するよりも，近所で友人と遊んだり，家でゲームをしたいといった希望もあったようです。しかし，徐々にグループが楽しみになってきて，自分たちの意見を積極的に話すようになっていきました。休憩時間や，グループの日とは別に，プライベートでも遊ぶようになったきょうだいもいると聞いています。

グループ終了後，親ごさんを対象にきょうだいプログラムの感想を尋ねたところ，「きょうだい同士のつながりができたことが良かった」「グループで思いっきり遊ぶ中で，気持ちの伝え方を学んだ感じがする」「グループが居場所になって，安心して過ごせたようだ」「自分の気持ちを自分のことばで表現する良い機会になったのではと思う」「終わりに近づき，『あと何回？』と寂しがっている。少しずつ，自分の意見を自然に言えるようになって良かった」などの意見がみられました。

4. きょうだいグループの実践を通して

　きょうだいにとって，きょうだいグループは「自分の日・時間」であり，自分たちが"主役"であるという特別な意識をもつことに意味があったように思います。グループに参加したきょうだいたちは「この日は自分のためにある」ということをすぐに実感し始め，毎回楽しみにしてくれていました。"自分たちの"グループに家族でお出かけをする，というように，グループ活動中はもちろん，グループで過ごす時間の前後にも自分が家族の"主役"となり，家族が動いていくということもうれしい気持ちにつながっていたように思います。グループにおいても，自分たちのグループであることがより意識できるように，きょうだいの希望するプログラムを一つずつ実施していくという工夫も行いました。

　今回，キョウダイは他のスタッフと別室で過ごしてもらっていましたが，もしも，それがキョウダイの療育の時間として位置付けられ，親ごさんがきょうだいのグループよりもそちらを気にして出かけていたとしたら，きょうだいの楽しみは半減していたかもしれません。

　また，親ごさんの中には，きょうだいがプログラムを楽しむことを通して，気持ちの伝え方を学んだり，自分の気持ちを自分のことばで表現する良い機会になったと思われている方もいらっしゃいました。実際，グループの中でも，回を重ねるにつれて，きょうだいが自発的にアイディアを出したり，積極的に意見を述べる姿がみられるようになりました。それらの変化は，きょうだいたちが，ここでは自分らしさが受け入れられると実感できたことで，自分なりの自己表現ができるようになったのではないかと思われます。

　さらに，きょうだい同士の交流は，将来的にきょうだいのために

鬼ごっこ

なったのではと考え，つながりができたことに安心された親ごさんが多くみられました。第1章第1節でも述べられているように，きょうだいは，とくに人生の岐路において，キョウダイとの葛藤を抱きやすいことが言われています。このようなきょうだいグループにおいて，きょうだい同士のつながりをつくっていくことは，将来，きょうだいがもし悩みを抱くようなことがあったときの，一つの心の支えとなったり，サポートの一助になるのではないかと考えています。

第2節

"親 - 子"をあじわうプログラム

1. お母さん,お父さんへのきょうだいの思い

　キョウダイの特性は,親ごさんの育児や家庭内の関係性・役割になんらかの影響があり,きょうだいの気持ちや発達にも影響を及ぼす可能性があるようです。第1章では,その結果としてきょうだいにおこる可能性のある心の問題や,きょうだいのタイプの特徴が挙げられました。

　こどもはだれでもお母さん,お父さんとの情緒的なつながりを求めており,安心感を積み重ねることで,心が安定していきます。お母さん,お父さんご自身もそうしたつながりをあじわうことで,子育ての充実感を得ることができ,こどもたちに向けるエネルギーがたくわえられていくのです。

　それでは,そのような"親 - 子"のつながりを,親ごさんもこどもさんもじっくりとあじわうためにはどのような視点が必要なのでしょうか。今回は,親 - 子関係がより重要であると思われる小さいこどもさんを想定して考えます。

　親ごさんの意識としては,わけ隔てなく愛情を注いでいるつもりでも,きょうだいには「キョウダイがうらやましい」「あまりかまってもらえなかった」などという気持ちが生まれ,葛藤を抱えることがあるようです。その理由は,第1章「愛情の不公平感」のところを読めばご理解いただけるかと思います。つまり,人の気持ちを客

観的に考えることのできるおとなからすれば当然と思われるような言動でも,小さいきょうだいにとってはおとなと同じような思考回路で物事をとらえる能力がまだなく,表面的な事実をそのまま受け取ってしまうということです。まして,きょうだい自身は,障がいをもつキョウダイを特別な存在として意識化しているわけではなく,「普通の兄弟姉妹（きょうだい）」であり,同等の家族の一員であるという思いを抱いているという報告もあります（遠矢,2004；宮里ら,2002）。これらのことを踏まえると,例えば療育や訓練等でキョウダイと親ごさんの過ごす時間が長かったり,障がいの特性ゆえにキョウダイが優先されるようなことは,小さいきょうだいにとっては純粋に「うらやましい」「自分はかまってもらえていない」こととして体験されていると推測されるのです。

　もちろん,それぞれに一個人として成長していくわけですから,過度に一般化することはできませんが,ここでは,どのタイプのきょうだいであれ,表現される言動や態度の背景には,親ごさんの気持ちを自分に惹きつけたいという気持ちがあることに注目したいと思います。

2. お母さん,お父さんのきょうだいへの思い

　「十分相手になってやれなくて申し訳ないといったお母さんから補償的に密接な接触がたとえ短時間であっても受けられるという形で,それなりの母性とのつながりは保たれていく（後藤ら,1982）」というように,親-子で過ごすことが大切であると指摘されています。一方,第1章第3節でも触れられているように,キョウダイの育児を通して,親ごさんは苦労やストレスに向き合っていかれます。こどもの障がいを受け入れ導いていく中,日々をこなすだけで精一

第 2 節 "親-子"をあじわうプログラム

杯だったり，無力感を味わうこともあるでしょう。そんな中，同時にきょうだいに対しても配慮したり気遣ったりする余裕がないことは察するに余りあるところです。

　親ごさんからすれば，日々の生活の中，キョウダイへの対応に追われ，きょうだいが今のところ目立った問題を示していないために，きょうだいの思いに気づく余裕がなかったという場合もあるでしょう。また，専門的な援助を受けるのはキョウダイであって，きょうだいは援助の対象であってほしくないという気持ちから，「心の問題」の芽を見過ごしてしまっていたのかもしれません。しかし，きょうだいの抱えている葛藤は，「心の問題」として表れてくる可能性があり，そうなると，改めてこれまでの子育てを振り返らざるをえなくなるのです。

　一方，より早い時期にきょうだいの気持ちに気がついたとしても，親ごさんに物理的・精神的に気遣う心のゆとりがない場合は，悪いと思いながらも，つい後回しになってしまったり，我慢させてしまったりすることもあると思います。

　気づく時期はそれぞれ異なるとしても，親ごさんがきょうだいの子育てを振り返ったときに，「重荷だったんだ」「もっとこうしていれば」と，その関わりにマイナスな印象が残っていると，親ごさんはきょうだいに対して申し訳ない気持ちを抱くことになります。申し訳なさや後悔の気持ちを抱くことは，親ごさんの心に負担感が伴うことも考えられます。

　親ごさんがきょうだいの気持ちに気が付き，それに応じた関わりを実現することは，きょうだいだけでなく，親ごさんの心の負担感の軽減という意味でも重要であると思われます。

3. 親 – 子グループの導入

(1) プログラムの目的

　以上のことから，きょうだいと親ごさんの両方の気持ちへ視点を置いた支援のあり方として，親 – 子グループを実施しました。

　キョウダイは別室で援助者と過ごしてもらい，そのあいだにプログラムを実施しました。グループにはリーダーを含め，毎回数人の援助者が参加しています。

　プログラムは，親 – 子がより関わりやすくなるような視点から企画し，きょうだいの自己表現・気持ちの表現を促し，それに応える親ごさんの関わりを引き出すような心理的支援を行いました。

(2) 親 – 子プログラムについて

　以下にプログラムの内容やねらいの違いから，3つに分けて説明します（表 2-2）。

①親 – 子で協力したり一体感をあじわう活動

　ⅰ）目的・配慮　　この活動は，親 – 子ペアで一緒に活動したり協力することでプログラムを楽しむことをねらいとしています。例えば宝さがしゲームやケーキづくり，クイズ大会，紙相撲大会などです。親 – 子二人で協力して一つの作品を完成させたり，チーム戦にする場合は，親 – 子チームと援助者チームという分け方をしました。そうすることで一体感，協力感，達成感をあじわうことができます。

　ⅱ）グループの様子　　宝さがしゲームなどでは，物事を決めるのに，あるきょうだいは率先して動いたり，あるきょうだいは親ごさんからの指示を待っていたり，親 – 子ごとに関わりの特徴も出て

表 2-2　親子プログラム

①親 - 子で協力したり一体感をあじわう活動

プログラム	内容・手順
肩叩きゲーム	親ごさんと向かい合い、"もしもしかめよ"の歌にあわせて、肩を叩く。
紙相撲大会	親子で一体の紙相撲の人形を作り、叩き方などを二人で練習したあと親子チームごとで総当たり戦を行う。
クイズ大会	親子ペアで、「最近楽しかった出来事」などについて3択のクイズを作ってもらい、紙に書いて一組ずつ発表する。
ケーキ作り	親子で一つのスポンジに生クリーム、フルーツ、お菓子の飾りなどでデコレーションをする。
じゃんけん列車	親子ペアで、きょうだいを先頭に、親ごさんが肩に手をのせ、列車をつくる。歌にあわせて動き、歌が終わったところで、相手をさがし、じゃんけんをする。じゃんけんで負けたほうが、勝ったほうの肩を持ち後ろにつく。そして、じゃんけんをくりかえし、最後に一つの列になる。
新聞紙乗りゲーム	親子ペアで、新聞紙の上に立ち、ペアどうしでじゃんけんをする。負けたほうが新聞紙を半分に折っていく。負けると、新聞紙がせまくなるため、お互いに落ちないように協力する。相手ペアが新聞紙に乗れなくなると、勝ちとなる。
宝さがしゲーム	親子ペアでチームをつくり、①～⑦までの番号が書いてある封筒をさがしていく。封筒にはそれぞれクイズやゲームが書かれた指令が入っており、問題を解いたり、ゲームをクリアすると、次の封筒がもらえる。最後の封筒には、宝の隠し場所が書いてある。
風船運びリレー	親子で新聞を広げて持ち、風船を乗せ、風船に直接触れないようにしながら落ちないようにすばやくゴールまで運ぶ。
人間知恵の輪	親子が手をつなぎ、内側を向いて、一つの円をつくる。手はつないだままで、つないだ手と手のあいだをくぐったり、股いだりして、輪をねじる。円にもどす役の親子ペアが、相談しあいながらもどす。

表 2-2 親子プログラム（つづき）

②親ごさんに見守られながら自己表現をする活動

プログラム	内容・手順
秋を作ろう	親子で公園へ落ち葉などを拾いに行き，持ち帰ったものを画用紙に貼り付けて作品を完成させる。
糸電話	親子で糸電話を作って，それを使って話す
お母さんを救え	悪役となったスタッフが親ごさんを連れ去り，きょうだいと離す。きょうだいは親ごさんを救い出すためにスタッフと綱引きで勝負をし，助け出す。反省した悪役スタッフはきょうだいにとってうれしいこと（褒められる，抱っこなど）が書いてあるカード（前もって親ごさんにも考えてもらう）をプレゼントする。
コラージュ	絵やイラスト，写真などを雑誌や広告から自由に切り抜いて，テーマにあわせて，台紙に貼り合わせる。（テーマ例；「わたしの好きなもの」「わたしと家族」）
貼り絵	下絵に折り紙をちぎり，貼り絵をする。最後に出来上がった作品をもち，親子ペアで写真をとり，作品に貼る。
ボウリング大会	きょうだいたちでペットボトルに水を入れ，ピンの準備をする。整ったらボールを投げて倒す。

③スキンシップを通して気持ちを伝えあう活動

プログラム	内容・手順
人形作り	親子ペアになり，ひとりは人形役，もうひとりが，決まったポーズを人形役にとらせる。人形役は目をとじて，ことばは話さず，自分からは動くことができない。人形をつくる人にまかせる。
マッサージ	親子ペアで，お互いをマッサージする。マッサージをする人が，相手の手のひらから順に軽く腕をもむ。肩へ向かい，首のうしろから，また手のひらに向かってマッサージをする。

いるように思いました。

　プログラムによっては，内容が簡単なためにきょうだいが一人で進めてしまい，親ごさんも一歩引いて見ていることもありました。そのため親 - 子の協力や一体感をねらいにするときは，プログラムを企画する段階で，初めからきょうだいと親ごさんの役割をそれぞれ決めたり，きょうだいにとっては少し難しい課題（ケーキのデコ

レーションをする，オリジナルのクイズをつくるなど）を設定することもありました。そうすることで，親 – 子での協力という形が生まれ，また，きょうだいは，自然と親ごさんから助けられたり，手伝ってもらえることによる安心感を得ることもできたように思われます。

②親ごさんに見守られながら自己表現する活動

ⅰ）**目的・配慮**　きょうだいが何かをつくる，発表するなどということは，親ごさんの前での自己表現・気持ちの表現につながります。さらにはその表現を受容されることによって親ごさんに受け入れられているという安心感を得ることになります。これらの活動は，大きく二つに分かれます。貼り絵，コラージュなど，親ごさんから横で見守られながら楽しむものと，ボウリング大会やお母さんを救えなど，親ごさんから少し離れてきょうだい同士で活動を楽しむものとがあります。

　前者は，あくまで主役はきょうだいであり，きょうだいの思いにそって，親ごさんが補助的にお手伝いをし，いっしょに作品を完成させることにしています。きょうだいが主役となり，親ごさんに見守られながら自分を表現し，さらにそれが親ごさんに受け入れられ，認められたりほめられたりする場になることを大切にしました。

　貼り絵は，ひまわりなど季節の花の下絵に，折り紙をちぎり貼り合わせて作品をつくります。コラージュとは心理療法の一つの手法であり，絵やイラスト，写真などを雑誌などから自由に切り抜いて，台紙に貼り合わせて作品として表現する方法のことです。親ごさんに見守られながら，きょうだいが自由に自分の好きな絵やイラストを台紙に貼り，自己表現をする時間にしました。

　後者については，親 – 子同じ部屋ですが，きょうだい同士，親ご

さん同士でのプログラムとなります。親ごさんとなかなか離れられないきょうだいや，親ごさんと一緒では自由に動けないきょうだいでも，適度な距離感を保ちつつ，安心して遊ぶことができます。また，グループに参加することでお友達を作ってほしいという希望をもたれる親ごさんも少なくありません。こども同士楽しそうに遊んでいる姿を見ることがお母さんの安心感につながります。

　ⅱ）**グループの様子**　　貼り絵やコラージュでは，親ごさんによりかかって座り，ピタっとくっつきながら，「ここ貼って」とあまえるように親ごさんにお願いしながら一緒に作るきょうだいもいれば，得意気に「ここはこう」と自分の作品をイメージ通りに作れるよう，親ごさんに指示しながら作るきょうだいもみられました。何色の折り紙を使うかを親ごさんと相談し，きょうだいが大きくちぎった折り紙に，親ごさんの笑い声が聞こえたりと，楽しそうな雰囲気がただよいました。

　意見の衝突があり，話し合いが必要となる場面もありましたが，他のメンバーを見ることや，援助者がうまくいく工夫を伝えることで，少しずつ穏やかな雰囲気に変わっていきました。

　きょうだいに作品を紹介してもらう機会をつくり，きょうだいのがんばっている姿や努力が，親ごさんにほめられ，認められる機会になるようにも工夫しました。作品を紹介してもらうときには，恥ずかしそうに作品をかかげながらも，どのきょうだいも親ごさんと作った自分の作品について，得意げに紹介していました。きょうだい同士での活動中は，親ごさんの方を見ながら存在を意識する姿も見られ，見守られる安心感を感じているようでした。

　親ごさんは，発表する姿やきょうだい同士で遊ぶ様子，お互いに協力する姿を見て，その成長を喜ばれていました。また，親ごさん同士でこどもと同じ遊びをすることは，意外と親ごさん自身が楽し

むことにもなるようです。「今日は何するんだろうね」と親−子が同じように楽しみな気持ちでグループを迎えられます。

③スキンシップを通して気持ちを伝えあう活動

ⅰ）目的・配慮　　きょうだいは，スキンシップによって安心感や親ごさんからの愛情を感じ取ることで，心の安定につながります。また，親ごさんの方も，ゆとりをもってきょうだいに関わることで，きょうだいの様子や気持ちに目を向けることができ，それに応える関わりにつながります。マッサージでは親−子の時間をじゃまされることなく，リラックスして気持ちよい時間を過ごせるように促し，きょうだいから親ごさんへ，親ごさんからきょうだいへからだに触れ，マッサージをするようにしました。

ⅱ）グループの様子　　最初は，きょうだいたちは慣れないこともあり，照れて駄々をこねたり，親ごさんが痛がることをおもしろがり，強くマッサージしたりする姿も見られました。そのようなときには，援助者が，「お母さんが気持ちよくなるようにもんであげてね」と声かけをしたり，「こんなふうにすると，もっと気持ちよくなるよ」とモデルを見せたりしました。また，きょうだいが，優しくマッサージをしているときに，「上手だね」「お母さん，気持ちよさそう」と声をかけるようにしました。このようにして，回をかさねるごとに，きょうだいたちは照れながらも，親ごさんの「気持ちいい」という声にうれしそうな表情を見せるようになっていきました。

一方，親ごさんからマッサージをしてもらうときには，照れもあり，逃げようとするきょうだいもいました。きょうだいによっては，あまえてすねてみたり，親−子で遊ぶのを恥ずかしがって照れてしまい，わざと叩いたり，少しだけマッサージされてすぐにやめてみたりという場面もありました。そのような場合には，援助者が具

マッサージ

体的にモデルを見せたり，「今度はお母さんに気持ちよくしてもらおうか」などと声かけをしたり，他の親 - 子を見てもらうことによって，きょうだいが，親ごさんに関わりやすくなるようにしました。次第に恥ずかしそうな笑顔で，親ごさんからのマッサージを受け入れる姿が見られました。そして，少しずつその家族なりの優しい時間を過ごせるようにしました。

(3) 親の会について

親の会は主に，プログラムの前と終了後に設けました。お母さんがたが集うと，自然とキョウダイの話題になることが多く，キョウダイに関する情報を交換・共有する場にもなりました。そのような場の必要性は高いといえますが，「きょうだいは何を楽しみにグループに来ていると思うか」など，きょうだいの話題へ方向付けることによって，きょうだいの気持ちについて振り返る時間ともなり，「今まできょうだいのことは相談するところがなかった」ときょうだいに関する悩みを共有する場にもなりました。

プログラムの前の親の会では，当日の流れやねらいをお伝えし，時には親ごさんに「ほめてあげてほしい」「難しいところを手伝って

ほしい」などをお願いすることもありました。

　活動終了後は，きょうだいと過ごした時間を振り返っていただくとともに，次のセッションにつながるように，感想やご意見をうかがいました。

　親‒子プログラムの感想をたずねたところ，「堂々と親と手をつなぎ，スキンシップを取れることはうれしかったようだった。普段あまえる機会がないので，良い機会になった」や「恥ずかしいけどうれしいみたいな様子だった」「あまり普段手をつないだりする機会がないので，マッサージで手をつなぐことができてうれしかった」などの意見が出されていました。普段は思っていてもできないスキンシップなどを堂々とできることや，家庭では見せない素直にあまえるきょうだいの姿を見られることがうれしいと思われているようでした。また親ごさんによっては，「きょうだいが本当にしたいことを手伝うことは難しいと思った。これまでの日常は，きょうだいのしたいことをあまり深く考えず，親の思い通りにすすめていることが多かったように思う（貼り絵の感想より）」という意見もありました。この方のように，親ごさんにとって，きょうだいとの関わりを振り返る機会になるという意義もあったようでした。

　一方で，当初，「親‒子で遊ぶより，メンバー同士のみの方がのびのびと遊べていいのではないでしょうか」という意見もありました。しかし，親‒子プログラムの目的を丁寧にお伝えしながら回数をかさねるごとに，実際に，きょうだいの様子が変化していくことを直に目にされて「普段はなかなかマッサージをしたりすることもないため，うれしかった」とこのグループでの目的を理解していただけるようになりました。

4. 親 - 子グループの実践を通して

　グループを振り返ってみて感じることは，親 - 子でいっしょに過ごす時間を設けることには，きょうだいにとって，親ごさんにとってそれぞれの意味があるということです。

(1) きょうだいにとっての意味

　親 - 子で過ごすことで，きょうだいが安心して気持ちを表現できるようになることに意味があります。表情や態度，言葉などで表現されるようになることで，きょうだいの気持ちが親ごさんに明確に伝わりやすくなり，親ごさんからはその気持ちに沿った関わりが引き出されます。グループではまず，きょうだいが安心して自己表現し，気持ちを伝えることができるような雰囲気作りを心がけました。具体的には，プログラムの内容をこどもたちに合わせて工夫したり，援助者の肯定的・受容的な声かけ，気持ちの推測・代弁などです。

　個々で異なるとは思いますが，きょうだいの気持ちの表現が乏しかったり，わかりにくい場合，その気持ちを推測することが難しくなり，結果的にきょうだいの気持ちに沿った関わりができないこともあるのではないでしょうか。

　また，きょうだいが気持ちを表現するようになる過程では，お母さんとグループで過ごせることによる安心感をもつことが重要であるとも感じます。「健全な愛着を形成し信頼できる母親を持ったこどもほど，母親を安全基地として探索活動を活発にすることができる（繁多, 2004）」とありますが，グループの中でも，お母さんとの関わりを居場所として実感することで，のびのびとした気持ちで活動に向かえているようでした。

　回数をかさねることで徐々に「あまえたい」「いっしょに遊びた

い」など，きょうだいの気持ちの表現が明確になっていきました。そうなることで，お母さんの方もそのきょうだいの気持ちを推測しやすくなっていったのではないかと思います。その結果，「あまえたい」気持ちに応えて「抱っこ」してあげたり，「いっしょに遊びたい」気持ちを推測し「遊びを提案」したりなど，きょうだいの気持ちに沿った関わりが生まれます。その関わりによってきょうだいは満足感を得，より安心感が増し，心から「うれしい」「楽しい」時間を過ごすことで，グループが心地よい居場所となっていったのではないでしょうか。

(2) 親ごさんにとっての意味

　重複しますが，まず，きょうだいの気持ちへの気づきを得，それに応える関わりにつながるということです。親ごさんが，グループという日常から少し離れたところで，きょうだいと二人で向き合う時間が設けられることで，きょうだいの気持ちに目を向ける心のゆとりが生まれます。その中で，きょうだいの気持ちに気づくことができれば，それに沿った関わりを実践できる時間として過ごすことができるのではないでしょうか。グループの中での関わりは，親－子の新たな体験として残り，それは日常にもつながっていくことだと思います。

　次に，親ごさんのきょうだいに対する申し訳ない気持ちに伴う心の負担感を軽減することになるという点です。これまで述べてきたように，きょうだいに対して申し訳なさを感じている親ごさんにとっては，きょうだいと二人で過ごす時間・空間を設けることで，日常の関わりの中で足りないと感じているものを補うことができるように思われます。きょうだいへのフォローが必要だと思いながらも日常生活の中では余裕のなかった親ごさんからは「こういうところ

があってよかった」という感想も聞かれました。

(3) 親－子で過ごすということ

ただ，親－子で集団活動に参加するということは，当然，親ごさんもきょうだいも周囲の目を気にしてしまいます。親ごさんとしての立場から，きょうだいの言動を注意したり，きちんと過ごすよう期待してしまうこともあると思います。一方，きょうだいの方も期待に応えようと過剰にがんばったり，親ごさんと二人で過ごすことの戸惑いや，親ごさんの気持ちを惹きつけたい思いから，やんちゃな行動をとることがあります。しかし，障がいをもつキョウダイの"きょうだい"としての役割から離れてグループ活動の中で親ごさんを独り占めできているのに，親ごさんから「どうしてできないの」「もっとこうしたら」などと言われてしまっては，親－子で過ごす意味が半減してしまいます。

逆に，親ごさんにきょうだいへの関わりを要求しすぎると，「日頃の関わりと違って難しい」「期待にこたえなければ」と，親ごさん自身の負担につながる心配もあります。自分らしい自己表現をしても受け入れられ，ありのままを尊重し認められるようなグループの雰囲気が親ごさんにも伝わる必要性があると感じます。

私たちは，グループの中できょうだいが安心して自己表現でき，その気持ちが尊重されるような雰囲気を作り，同時に，援助者とも安心できる関係作りを目指しました。しかし，「あまえたい」「いっしょに遊びたい」「ほめられたい」など，きょうだいの表現する気持ちには，やはり，親ごさんにしか応えられないことがあります。親－子で過ごす時間を設けるにあたっては，きょうだいがどのような気持ちの体験をするかという視点が重要です。

親－子で過ごす時間の中で，双方の気持ちや体験の意味を考えな

第 2 節 "親 - 子"をあじわうプログラム

ケーキ作り

ければ，親 - 子間の気持ちのすれ違いが生じたまま時間が過ぎていってしまう可能性もあると思われます。初めからスムーズには難しいと思われますが，継続的に取り入れることで，きょうだいが安心して気持ちを表現でき，親ごさんがそれに応えるといったような二人がともに満たされるような時間を過ごすことができると思います。きょうだいも親ごさんも，親 - 子で過ごすことで心から楽しい・うれしいと感じあえ，"親 - 子"をあじわうことが，きょうだいの抱えた葛藤や「心の問題」の軽減につながるのではないでしょうか。

第3節

支援の場から日常へ

　これまでにも述べてきましたように，日常生活において，きょうだいへ負担をかけているのではないかと心配に思っている親ごさんが多いのではないでしょうか。しかし，実際はキョウダイに対して，物理的・精神的な対応に追われ，きょうだいまで手がまわらないことが現状だと思われます。心ではわかっていても，きょうだいにお世話をしてもらったり，キョウダイの用事が優先事項になり，結果的にきょうだいに我慢してもらうことになっているかもしれません。

　きょうだいに対して，「何かをしなければ」と思うと力が入りすぎてしまうこともあります。しかし，第1章第3節でも挙げられているように，親ごさんもほっとできることを少しずつ積み重ねていくことが大切です。ここでは，そのためにどのような工夫ができるのか，あらためて考えてみることにします。

1. きょうだいを中心に

　普段はキョウダイを中心に「どこにいくか」「何をするか」が決まることが多いかもしれません。時には，きょうだいが「どこに行きたいか」「何をしたいか」を聞いてから決めることで，いつものパターンを変えることができます。前節までに紹介したグループ活動も，こうした"きょうだいのために"というあり方を目的として工夫してきました。

第1章第3節にあるように，日々親ごさんが行われているさまざまな工夫も，もちろんきょうだいを中心にする配慮にあたります。例えば，キョウダイの療育の時間が，きょうだいの下校時間に重ならないように，キョウダイの療育時間を調整することもその一つだと思われます。このようなささいに思われる一工夫も，きょうだいにとっては，とてもうれしいことでしょう。

2. 自由な自己表現

きょうだいにとって，お母さん，お父さんのお手伝いをすることや，きょうだいのお世話をし，ほめられることはうれしいことかもしれません。しかし，大変なこともあるでしょう。お母さん，お父さんも助かるから，ついお願いしてしまうと申し訳なく思っている方もいらっしゃるかもしれません。ここで大事なことは手伝ったり，世話をすることが実際負担だったとしても，その気持ちを素直に表現できる環境であるかどうかということです。同じことをするにしても，きょうだいのそのときの状況や体調によっても，きつさの程度は違うかもしれません。場合によっては，「面倒くさい」「したくない」など愚痴を言いたくなるでしょう。そういう表現をしたときに，自由に気持ちを表現しても，お母さん，お父さんに受け止めてもらえていると安心感をもてれば，自分の大変さを理解してもらえているという実感につながると思います。

しかしながら，きょうだいがどのような気持ちを抱えているのか，無理にことばにさせるのではなく，それを表現しやすい雰囲気作りも大切だと思います。前節までに見てきたように，グループではきょうだいが表現するものに対して，肯定的・受容的な声かけをすることを心がけました。きょうだいの気持ちに親ごさんが目を向け，

耳を傾け，それをありのまま受け入れようとする共感的な態度が欠かせません。そうした態度こそ，きょうだいが気持ちを表現できる雰囲気につながります。

3. 自分の日・自分の時間

　日常生活できょうだいと二人だけの時間をとることは難しいかもしれません。しかし，月に一度か2ヶ月に一度だけでも十分なときもあります。キョウダイをお父さんあるいはお母さんが面倒をみて，きょうだいと二人だけで外出したり，逆に家でゆっくり過ごす時間を作ることはできるかもしれません。そうすることで，普段あまえられないきょうだいもゆっくりあまえたり，お話をしたりする機会になるのではないでしょうか。きょうだい自身が自然と心から「うれしい」とか，「楽しい」といったような時間だと思えることに意味があるのです。きょうだいが「自分のための，素敵な時間」と思える必要があるのです。

　先述の親-子グループのお母さん，お父さん方の感想にあったように，「きょうだいが本当にしたいこと」やきょうだいの気持ちに目を向けることは大変難しいことです。難しいことだからこそ，短い時間であってもきょうだいと向かい合い，気持ちを汲むようなお母さん，お父さんの姿勢が大切だと感じます。二人きりの時間は，第1章第3節にもあるように，寝る前の少しの時間のお話，お風呂でのお話，マッサージなど，堅苦しく構えて作る時間でなくてもよいと思います。ちょっとした時間を一工夫して作り，○○君，○○ちゃんのきょうだいとしてではなく，きょうだい自身を受け止めて向かい合うことが，きょうだいの安心感につながるのではないでしょうか。

お風呂でお話…

4. きょうだいの交流

　同年齢の仲間集団で遊ぶことは，社会性を獲得することができる重要な体験と考えられています。学童期のこどもたちにとっては，お友達と楽しく遊ぶこと自体が，心のエネルギーにつながります。さらに，その仲間の中で，自分らしさを発揮し，それが認められ受け入れられる体験自体が，きょうだいにとって心の栄養となり，エネルギーをたくわえる場となったのではないかと考えています。

　お母さん，お父さん方はきょうだい同士の交流を期待されていました。きょうだい同士が仲良くなり，つながっていることで，将来，きょうだいがキョウダイのことで悩むことがあった際，お互い相談できる存在を望まれているように感じられました。益満・江頭（2002）は，肩の力を抜いて，ありのままの自分を受け止めてもらえる，自分の苦しみを語らなくてもわかってもらえる，そんな場所があれば，きょうだいは多少なりともストレスを発散し，キョウダ

イと共に生きていく力を得ることができるとしています。小学生のあいだにお互いの悩みを共有しなくとも，その後の人生において相談できる相手がいると知る経験は，長い目で見たときに，きょうだいの心の支えになるのではないかと思われます。

5. おわりに

　親ごさんからきょうだいへ，どのような関わりをすればよいのか迷うときは，まずはきょうだいの気持ちを十分に推し量ることが大切だと思います。きょうだいは自分の大変さを自覚をしていたり，時には自覚してない場合もあるかもしれません。しかし，意識しているにしろ，していないにしろ，その大変さをお母さん，お父さんや周りのおとなたちが理解してくれており，自分に目をむけてくれていると実感できれば，心の負担を減らすことができるのではないでしょうか。

第3章

きょうだいへの「支え」とは

本章では、これまでにお話してきたことをふまえつつ、きょうだいへの「支え」とは何かということについて考えていきたいと思います。

1. きょうだいのありのままをみつめるために

ここまで繰り返しお話してきたのは、『親ごさんときょうだいがお互いに安心できる関係がたいせつ』ということです。そして、親ごさんときょうだいが安心できる関係を作っていくときに、きょうだいの「ありのまま」をみつめていくことがキーポイントになるということです。

では、きょうだいの「ありのまま」をみつめていくためにはどのようにしていくといいのでしょうか？　ここでは、そのポイントを、きょうだいの成長段階にそって、アメリカの心理学者であるマズロー（Maslow, A. H., 1962）が唱えた「欲求の階層」をもとに考えていきたいと思います。

マズローの「欲求の階層」

マズローは、「人間には5つの欲求がある」とし、その5つの欲求をピラミッドのように段階的なものとして表しています。これらの欲求が、下から順番に満たされるとよいと考えたわけです。一つひとつの欲求を満たしていき、下から4つ目までの欲求が満たされると、最後の自己実現欲求（がんばろう、努力して自分を高め、貢献しようという欲求）の段階に進んでいきます。

自己実現欲求の段階では、自分で「やってみよう」と思う力が育っていきます。これは社会の中で暮らしていくときには、とても大切な力になってきます。日ごろのこどもさんの様子を見ていると

```
         ⑤自己実現欲求
       向上心，自己達成の欲求

        ④セルフエスティーム欲求
        自分を大切にしようという欲求

       ③所属・愛情欲求
    大切にされたい，人に関わりたいという欲求

        ②安全欲求
    恐怖・危険・苦痛から回避したいという欲求

        ①生理的・身体的欲求
  食事・睡眠など生命を維持していくために必要な基本的欲求
```

図3-1　マズローの「欲求の階層」

「〜しなさい」と言いたくなることはよくあります。もちろん，そのように背中を押していくことで，こどもの気持ちを前向きにしていく手助けをすることもたいせつなことだと思います。ただ，時には，まずこれら4つの欲求が満たされているかをチェックしてみて，こどもが自分から「やってみよう」と思えるようになることもとてもたいせつなことだといえます。

①生理的・身体的欲求

　生まれてすぐに感じる欲求は，「おなかがすいたなぁ…」とか，「ねむたいなぁ…」というものです。こうした欲求を満たしてほしいと思うのが，生理的・身体的欲求です。これは，おもに赤ちゃんのときの暮らしに関連してくるものです。赤ちゃんに関わるときに，表情や声，雰囲気などさまざまな様子から「のどがかわいたのかな？」「おなかがすいたのかな？」「そろそろねむたいのかな？」な

どのように，そのときに赤ちゃんがどんな気持ちでいるかを感じとっていくことで，赤ちゃんとの信頼感がよりしっかりと，どっしりとしたものになっていくわけです。このような関わりを通して，食事や睡眠などの基本的な生活習慣を確立することがとてもたいせつになります。

②安全欲求

身体的・生理的欲求が満たされることで，次には，「こわい」「あぶない」「いたい」というような恐怖や危険をさけて，安心して，安全にすごしたいという安全欲求の段階に進みます。だれにもおびやかされることなく，安心して生活をしていきたいという欲求です。これも，幼少期の暮らしに関連してくるものだといえます。

ここまでの二つの欲求は，食事をし，生活する場所があることがベースとなって満たされていきます。このような意味では，この二つの要求は成長していくにしたがって少しずつ満たされてきているものだと思われます。ただ，例えば，家の中で遊んでいたらたびたびおもちゃが壊されてしまうとか，いつもバシッとたたかれるなどの状況がつづいてしまうと，安全欲求が満たされにくくなってしまうことはありえることかもしれません。とくにこどもが小さいうちには，こどもにとっての安心・安全が保たれるように心がけていくことは非常にたいせつなことになってきます。

③所属・愛情欲求

安全欲求が満たされると，次は所属・愛情欲求の段階です。この欲求が満たされるためには，「その子がいる場が安定すること，身近にいる人との信頼関係が築かれること」が必要になります。

身近にいる人との信頼関係をつくっていくときに、『共感的な理解』がとてもたいせつになってきます。身近にいる人から共感的に理解してもらうことで、『自分のことを見てくれているなぁ』『たいせつに思ってくれているなぁ』ということが感じられると、より深い信頼関係が築かれていくわけです。『共感的な理解』のポイントは、相手が感じている気持ちを相手の目線をとおしてみつめることです。これを日々行っていくためには、高山・藤田（2007）で言われているように、

　　「○○だから、□□なんだね」（共感の公式）

という理解の仕方、伝え方を心がけるといいようです。相手の気持ちをみつめ、それをことばにするということになります。こどもは、ある出来事にたいしてもやもやした気持ちをもっているときに、それを自分のことばで表現することが難しいことがあります。こうしたときには、まわりのおとながこどもの気持ちを読み取って、言葉にして伝え返していくことがたいせつになります。これを繰り返していくことで、こどもは「わかってもらっているんだなぁ」「たいせつにされているんだなぁ」という安心感を得ることができます。自分の感じよりも、相手の立場にたった理解を心がけていくことで、『共感的に理解していく』ことに近づきやすくなるようです。

　ここでは、キョウダイときょうだいの関係で日常的におこりやすい場面、第1章の第2節でも取り上げた、きょうだいが大切にしていたおもちゃをキョウダイがこわしてしまう場面を例に挙げて、もう少し具体的に考えてみましょう。

○○だから，□□なんだね

　キョウダイの特性を考えると，『こんなところにあったらこわしたくなるよなぁ…。わざとこわしたわけじゃないんだろうけどなぁ…』と感じられることがあるかもしれません。確かにその可能性はあるのでしょう。きょうだいには，キョウダイの一番の理解者であってほしいと感じることはごくごく自然なことで，「わざとではないから」「こんなところにおいておくのが悪い」ときょうだいにお話ししたくなる気持ちになるものです。

　ただ，これをそのまま きょうだいに伝えるときょうだいはどのように感じるでしょうか。きょうだいは，『おもちゃをこわされたのはこっちなのに，なんでいろいろ言われないといけないの？』と感じてしまうかもしれません。たいせつにしているおもちゃがこわれることは，幼い時期のこどもにとっては，とてもショッキングなことです。さらに，「わざとではない（＝相手のことを考えて）」と先に言われてしまうと，自分がたいせつにされていないのではないかとふと感じてしまうことがあるかもしれません。

　この例であれば，「おもちゃをこわされたから，嫌だったね」と，

きょうだいの立場での心からの理解をまず伝えていくことがたいせつです。こうした姿勢が伝わると，きょうだいは，「自分のことをわかってくれたなぁ」「たいせつにされているなぁ」という実感を得ることにつながっていくことができます。

　そのあとで，キョウダイがなぜおもちゃをこわしてしまったのかについても，考えてみることができるといいと思います。きょうだいが納得できたあとでじっくりと落ち着いて考えてみると理解につながりやすいかもしれません。

　発達支援に関する相談の場で，さまざまな親ごさんと話をさせていただく機会があります。キョウダイときょうだいのケンカやいざこざについてうかがうこともしばしばです。あるときに，おもちゃをめぐるいざこざ場面についてのお話がありました。「おもちゃをこわしてしまったキョウダイにまず注意をしています。キョウダイがその注意を100％わかっているかといわれると，ちょっと難しいかもしれませんけどね。そのあとできょうだいと一緒に，どうするといいかを考えてみています。ただ，たいせつなおもちゃのときにはなかなか納得しないですね。それは仕方ないことなのかもしれませんけどね」というエピソードでした。なかなか一筋縄ではうまくいかないことではありますが，きょうだいにとっては，自分の立場を大事にしてもらえたという体験につながったのではないかと思います。こうしたことの積み重ねが『大切にしてもらえた』という実感，より深い信頼関係につながっていくのでしょう。

　ここで改めて強調したいことは，きょうだいの成長にとっては，自分が考えていること，感じていることが理解してもらえたなぁという実感を得ることがとてもたいせつで，それが，より深い信頼関係につながっていくということです。関わりかたのポイントは，

「○○だから,□□なんだね」という伝え方を心がけていくことになるわけです。

所属・愛情欲求の次にくるのは,セルフエスティーム欲求という「自分はたいせつな存在と感じたい欲求」というものです。自分に自信を持って生活していく土台としても,身近な親ごさんとの信頼関係はとてもたいせつだということになります。

④セルフエスティーム欲求

マズローの欲求段階の話にもどりましょう。所属・愛情欲求が満たされると,次はセルフエスティーム欲求の段階になります。

セルフエスティーム欲求とは,「自分は大切な存在だと感じたい欲求」です。これはこどもが成長していく中ではもっとも大切な欲求だといえます。高山・藤田(2007)は,セルフエスティームを高めるためにたいせつなポイントを3点挙げています。それは,

- マイナスの言動(頭ごなしにしかること)を減らす
- よいところ・がんばっていることを認めて伸ばす
- 「ありがとう」と言われる体験を増やす

です。セルフエスティームを高めていくためには,『ほめること』『認めること』がポイントになります。ただ,ほめるといっても,具体的にどうしたらいいのかわかりにくい,改めてそうしようと思っても気恥ずかしいと感じることもあります。具体的なほめ方の例としては,「やったね」「すごいね」などとほめことばを伝えること,頭をなでるなどの身体接触をともなうものがあります。もちろん,ほかにもさまざまな方法があります。たとえば,やさしくほほえみかけること,いつもお願いしているお手伝いをしてもらったときに

「ありがとう」ということなども，『ほめること』『認めること』につながっていくものです。こうした関わりの積み重ねが，セルフエスティームのそだちにつながっていくわけです。

　また，セルフエスティームは，「自分の苦手なところ，弱点も含めて自分が好きで，たいせつにしたいと思うこと」も含む概念です。うまくいかないことがあったときこそ，セルフエスティームのそだちにつなげていくチャンスかもしれません。とくに，キョウダイと仲良くできなかったり，キョウダイのことを否定的に感じてしまったときなどに，落ち込んでしまったり，自信をなくしてしまうことがあるかもしれません。ただ，こうした思いを感じるきょうだいほど，キョウダイのことを大切にしたい気持ちが強いあまり，否定的な気持ちをもったことを責めてしまうことがありうるのかもしれません。『キョウダイと仲良くしたいけど，それができなくてきつい』という気持ちの表現なのかもしれません。

　親ごさんとしては，「キョウダイのことを否定的に感じてほしくない」という気持ちになるのがもっともでしょう。ただ，きょうだいの中でも，キョウダイのことを肯定的に見たい部分とそうでない部分での気持ちのゆれうごきがあって，自分の中でなかなか整理がつきにくい気持ちなのかもしれません。「自分もそんな気持ちになったことがある」ことをきょうだいに伝えることをきっかけに，キョウダイのことについてじっくりと話をされた親ごさんもいらっしゃいました。きょうだいに「あなたが感じていることを否定的にとらえる必要はないですよ」と伝えていくことがこの場合はたいせつになってくるのかもしれません。また，否定的な言動や行動が多いのを，心のSOSだととらえ，ただやさしく接することも，セルフエスティームを維持していくためには重要となることがあります。こうした場合にどうしたらいいかということは，一つの決まった答え

があるわけではおそらくないのでしょう。発達支援の場などで相談してみることもとてもいいことだと思います。

⑤自己実現欲求

セルフエスティームの欲求が十分満たされることで、「自分の希望をもち、それにそった人生の選択をしたい」という自己実現欲求がでてきます。これは、自分のしたいことをみつめ、それに対して前向きに取り組んでいきたいという欲求です。こうした気持ちが自然と出てくるようにこれまでの4つの段階の欲求を一つひとつたいせつにはぐくんでいくことが重要です。

第1章の第1節で触れられていたように、進路選択のときに急にそれまでの希望からがらっと変わってしまうことがあるときは、要注意のサインなのかもしれません。もちろん、本人が自分の希望で進路を変更したいと感じていることもあります。その場合には、その希望をたいせつにすることがもちろんたいせつです。ただ、キョウダイのために自分が本当にしたいことを我慢しているのではないかと思えるようなときには、きょうだいの希望についてじっくり話をして考えていくことができるといいのではないかと思います。

2. できることからはじめよう

(1) 親ごさんの心の揺れ動き

キョウダイの発達支援の場で、「実はきょうだいのことが心配で…」と、きょうだいのことについて話をさせていただくことは本当に多く、親ごさんがきょうだいのそだちについてなにかと気にかけておられるようすを日々実感しています。また、そこでは話題にのぼらなくても、多くの親ごさんの方がきょうだいのことを心配に感

じておられるように思います。そして,『自分はきょうだいに負担をかけてしまっているのではないか』と心配されていることがとても多いように思います。

　たとえば,「小さいときからきょうだいに頼まない方がいいと思えることも頼んできた。それがきょうだいにとっては大きな負担になるかもしれないと感じてはいたが,そのようにせざるをえなかった…」「ほかのおうちの子はいろんなところに旅行に行くことができたけど,うちはなかなかそれができなかった…。表だって口には出さないけど,テレビでディズニーランドの特集番組をやっているときにはなんだか寂しそうに見ていた。行きたいんじゃないの？と聞いてみたら,『別に』といっていた。本当は行きたい気持ちがあるんだろうなと感じていたが,どう思ってたんだろう…。ほかにももしかしたら,いろんなことを我慢させていたのではないか」などのように,『負担をかけていたのではないか』『我慢させていたのではないか』『きょうだいにあまりかまうことができなかった』などの思いを感じておられることがあるようです。

(2) 心の揺れ動きの背景にあるもの

　このように,「〜かもしれない」と感じると,人の心はそうである可能性を一生懸命探してしまう傾向があるといわれています。人の心は意外とゆらぎやすいものなので,状況を説明する一つの可能性がみつかると,今度は「きっとそうだ」「そうに違いない」と思い込んでしまうことがあります。きょうだいの様子が心配と感じると,「なぜ？」という理由を心が探しはじめます。そして,きょうだいにいろんなことを頼んできたことが負担になってしまっていたのではないかという不安に行き着きます。そして,それこそが原因にちがいない,と考えてしまいやすくなるのかもしれません。

また，きょうだいに負担をかけているかもしれないと感じていると，きょうだいがどのように感じているかということがとても気になるものです。きょうだいがどんなことを感じているのかなんとなく探りをいれようとすると，関わりかたがいつもと違って，ぎこちなくなってしまうことも十分ありうることです。ある気持ちを表には出さないようにしようと思っても何となく行動として表れてしまうことはよくあることです。いつもと違う感じがきょうだいに伝わって，なんとなくぎくしゃくしてしまうこともあるのかもしれません。

(3) できることから，少しずつ

　人はこれまで体験したことを思い出すことができます。ただ，残念なことに，体験したこと，経験したことをリセットしてやり直すことはできません。しかし，これまでに体験したことをこやしにしながら，これからのことを少しずつ変えていくことができます。きょうだいが感じていることを日々少しずつ読み取り，これから先のことを少しずつ変えていくための一歩を踏み出すことがとてもたいせつです。

　それはたとえば，日々きょうだいにしてもらっているお手伝いについて，「いつもありがとう」と伝えてみることでしょう。ちょっとしたことですし，もしかすると，最初は「何でいきなりそんなこと言うの？」と，気持ちわるがられることもあるかもしれません。ただ，ありがたいなぁと心から思っていることで，その気持ちが少しずつ伝わっていくものです。

　なにか現状を変えたいと感じたときに，革新的な方法で，一気に変えることも可能です。ただ，かなりのエネルギーが必要になったり，どこかに無理をきたしてしまうことがあります。無理なダイエ

ットにがんばって取り組んで，すごくやせたのに，しばらくたつとリバウンドしてしまうということがいい例なのかもしれません。一気にやってしまうことではなく，できる範囲のちょっとしたことからはじめてみて，地道に続けていくことが，大きな成長，変化につながっていくということなのでしょう。例えば，100万円ためたいと思ったときに，いきなり100万円ためることは宝くじでも当たらないかぎり難しいものです。ただ，1日10円，100円でも，少しずつ貯金していくことで確実に100万円に近づいていくことができます。

　こどもは，自分のお母さん，お父さんがしていることを意外によく見ているものです。きょうだいががんばっていること，夢中になっていることをいっしょになって楽しむこと，きついと思っているときにやさしいことばをかけること，こうしたことも重要になってくると思います。

　また，こどもが成長していく過程では，さまざまな心の揺れ動きがあります。例えば，思春期は，他のこどもと自分を比較することなどをきっかけに,「自分」を少しずつ知っていく時期です。できることへの気づきもあるでしょうし，その逆にできないことへの気づきもあったりします。「思春期は，疾風怒濤の時期」といわれることもあるくらいで，多くのこどもが心理的に不安定になりやすい時期だといえます。部活で思ったように成果が出ないこともあるでしょうし，進路のことで悩んでいてそのことを打ち明けられないこともあるかもしれません。友達とけんかして落ち込んでいるということも考えられるし，ボーイフレンドやガールフレンドとの関係がうまくいかなくて不安定になっているという場合もあるかもしれません。このように，心の揺れ動きの原因になるものは意外とたくさんあるものです。

きょうだいが感じていることに目をむけ，一つひとつのことに地道に取り組んでいくことで，少しずつ心理的な安定につながっていく可能性は十分にあります。一気に，劇的に変えていくことを目指していくこともいいですが，できることからはじめてみて，地道に続けていくこともたいせつです。

3. きょうだいが知りたいことは？

　小さいときからキョウダイと当たり前のようにいっしょに生活してきたきょうだいは，幼稚園，保育園や小学校に通い始めることで，家族以外のさまざまなタイプの子との関わりが増えていきます。興味や関心の幅が広がって，親ごさんを質問ぜめにしていくお子さんもたくさんいるかと思います。きょうだいの関心事は，そうした自分の興味関心にとどまらず，キョウダイの日々の行動に向かっていくこともあるでしょう。

　そんな中で，「なんでうちのキョウダイはこんなことするんだろう？」「なんでうちのキョウダイはお話しないのかな？」というように，キョウダイに対する「なんで？」「どうして？」という気持ちが出てくることがあるでしょう。きょうだいのこうした気持ちに対してどのように応えていくかについて，ここでは考えてみたいと思います。

　きょうだいにキョウダイの特徴について説明していくことの重要性を指摘するいくつかの研究があります。たとえば，柳澤（2005）では，時期に応じた説明を行うことの重要性が指摘されています。その背景には，きょうだいがキョウダイの示すさまざまな行動を誤解しないようにしていくという予防的な観点が含まれているようです。

なんで？　どうして？

①キョウダイの特徴について伝える

　キョウダイの特徴について説明するときには，診断名や障がいの一般的特徴について伝える側面と，日常的にどのように関わったらいいかという対応方法を伝える側面があると思います。

　診断名や障がいの一般的特徴について伝えるときには，きょうだいの理解の仕方に合わせて伝えていくことがたいせつです。小さいうちには，シンプルに「びょうき」という説明をしている親ごさんが多くいらっしゃるように思います。正確かどうかというと，議論があるところなのかもしれません。ただ，相川・仁平（2005）でも触れられているように，「びょうき」と説明されると，こども自身も「びょうき」になった経験があるために，大変さが伝わりやすいところがあるようです。

　また，「自閉症」「アスペルガー症候群」「ADHD」「学習障がい」のような診断名とその特徴を伝えていく場合もあるようです。また，最近は発達障がいのことをテーマにしたテレビ番組が放映されるこ

ともありますし、障がいをもっているこどものことをテーマにした絵本やマンガなどがいくつも市販されています。そうしたものを活用してお話をされている親ごさんもいらっしゃるようです。

　もう一つのやりかたは、キョウダイの示す行動にたいして、具体的な対応の仕方を伝えるやり方です。きょうだいが感じている（もしくは感じているだろうなと思う）疑問について、親ごさんの方が日々工夫したり、試行錯誤したり、何気なく行っている対応の仕方、配慮の仕方を伝えていくやりかたになります。例えば、「なんでAちゃんはいつも同じことばっかり言うの？」という問いかけに対して、「Aちゃんは、同じことを何回も言って、気持ちをおちつけようとしてるんだよ。だから、何回も言うな、ってやめさせようとしないで聞いてあげてね」のように、どんな気持ちでその行動をしているか、意味づけをして返していき、そのときの対応について具体的に教えるということになります。『なぜ』その行動をしているのかきちんと伝えていくことがとくにたいせつです。

②どこまで伝えるのか

　親ごさんの頭を悩ませることとして、キョウダイの特徴を伝えていくときに、どこまで伝えるのかという問題があるようです。ハリス（Harris, 1994）は、きょうだいにキョウダイの特徴を伝えていくことに関して、「きょうだいにたくさんの情報を伝えることに熱心になるあまりに、たくさんすぎる情報を押し付けてしまうかたちになるとあまりよくない」と述べています。また、ハリスは、自閉症についてきょうだいに説明することについて、「自閉症という概念は非常に抽象的ですので、十分に大きくなるまで、こどもたちはきちんと理解することができません。したがって、お子さんたちに伝える情報は発達的に見て適切な情報で伝えることが大切ですし、ま

た，その情報はお子さんが成長するなかで，より大人向けの，複雑なことばを少しずつ使っていきながら，何度も何度も繰り返し伝えることが大切です」としています。知的障がい，発達障がいなどの障がいについての理解は，こうした姿勢の中から，少しずつ深まっていくものなのでしょう。

　植物を育てていくときに必要なものには何があるでしょうか。土，太陽の光，水，肥料など，いくつかあるかと思います。ただ，必要だということで，養分をたくさん与えたときに，与えたぶんだけ植物は成長するかというと，思ったようにはいかないことがあります。きょうだいにキョウダイの特徴を伝えることについても，栄養が多くなりすぎないようにという意識をもっておくことは非常に重要になってくると思われます。時にはきょうだいのそだちを待ちながら，きょうだいの心に寄り添うこと，キョウダイの特徴についての知識を伝えていくことのバランスが大切になってくると思います。

　もちろん，きょうだいから質問があれば，それに答えていくことが重要になると思います。そのときには，キョウダイの思いが誤解されることがないように，肯定的な面を強調しながら一つひとつのことを丁寧に伝えていくことがたいせつになってくるように思います。例えば，「お兄ちゃんは，お話を今練習中なの。だから，あまり上手にあなたとおしゃべりできないこともあるかもしれないね。でも，乗り物の名前はなんでも知っているからすごいよね」といった形で，キョウダイの"強み"について触れておくことがたいせつです。

③率直には聞きにくいなぁと感じるきょうだい
　ただ，きょうだいの中には，こうしたことを率直に尋ねてくることをしないタイプもいるようです。

『キョウダイの様子をみていると，なんだか他の子とは違うような感じ…。でも，それを聞くってことは，キョウダイのことを悪く言うような気もする…。本当に聞いていいの？』というように，自分の感じたことを率直に聞いてみたい気持ちと，聞いていいのだろうかとためらう気持ちの間で揺れ動くこともあるようです。とくにキョウダイととても仲良く過ごしているタイプ，やさしいタイプのきょうだいは，キョウダイに悪いと感じて聞きにくい，聞いてはいけないのではないかと感じることがあるかもしれません。

　両親がキョウダイのことでとても忙しそうにしているのを見ていると，きょうだいとしては不満に感じることもあるようですが，時には不満に感じてしまっていること自体を恥ずかしいと思うことさえあるようです。キョウダイがなんでこんなことをするのかなぁと思ってストレートに聞いてみたら，思ったような答えが返ってこなかったので，それ以降聞いてはいけないのだろうかと感じて聞きたいことがあるのに聞けなくなってしまうということもあるかもしれません。

　実際には聞いてはいけないというきまりや縛りはないと思います。しかし，何となくそのような縛りがあるかのように感じてしまいやすいということなのでしょう。こうしたことが，キョウダイについて感じるさまざまな気持ちを家族の中で率直に話すことの難しさにつながっているのかもしれません。いくつかの研究で，きょうだいがキョウダイについて感じていることを率直に話すことはそんなに簡単なことではないといわれています。きょうだいとしては，聞いていいのだろうかという気持ちと聞きたい気持ちの間で揺れ動いてしまいやすいということなのでしょう。

　こうした状況への関わりかたとしては，日頃から，学校のこと，友達のこと，勉強のこと，興味があることなど日常的なことについ

て話をしていくことが土台になると思います。そのときにも，あれこれコメントしたり，こうしてほしいという聞き手の意見を伝えるのではなく，あくまできょうだいが感じていることを尊重するありかたが重要になってくるのかもしれません。

　カウンセラーの世界でも，相手の感じていることを尊重するありかたが大切であるといわれています。カウンセラーは，相談に来る人の話を「聴く」ことが仕事です。そのときに，話し手の感じていることをひしひしと，ありありとあたかもその人自身であるかのように想像しながら聴くことを「傾聴」といいます。

　誰かの話を聴いていると，ついつい何かを助言したくなったり，話の内容についてあれこれコメントしたくなったりするものです。それは，人の中に相手のことを助けたいという気持ちがあるからなのでしょう。ただ，カウンセラーはそれをあえてしないで，うんうんとただうなずきながら聴きます。コメントするとしても，あくまで相手の話を自分がどう理解したかということについて短くコメントを返すことしかしません。それは，話をしている人が感じていることをできるだけ尊重するという姿勢にもとづくものです。

　こうした姿勢で話を聴いてもらうことが，『大切にされているんだなぁ』とか，『思ったことを何でも話していいんだなぁ』という，安心できる感じ，ほっとできる感じにつながっていきます。そして，相談に来た人にとっての心のエネルギーになり，自分らしさを取り戻していくことにつながっていきます。きょうだいにとっても，こうした姿勢で話を聴いてもらうことで，何となく感じていた縛りから自由になり，自分が感じていることについて率直に尋ねることが増えていく可能性は十分にあると思います。また，時には，親ごさんの方からもキョウダイのことをポジティブなものだけでなく，ネガティブなものを含めて率直に話していくことも安心感につながっ

ていくかと思います。そのことで，なんでも話してだいじょうぶだということが伝わることもあると思います。ただし，あくまでも，ネガティブな話をするときには，ポジティブな話を必ず交えることが前提です。

　時に，「学校のこととかいろいろ聞くんですけど，答えてくれないんです」という相談を受けることもあります。こうした場合は，どう話したらいいかわからない，学校のことで悩みが多すぎて，逆にことばになりにくいなど，さまざまな可能性があると思います。スクールカウンセラーなどの専門家に相談するのもとてもいい方法だと思います。ただ，一つには，「話をしてほしい」というこちら側の思いが強すぎることがあるかもしれません。「話してほしい」という気持ちをもっていると，そのことが何となく伝わって，それが重荷に感じられてしまうこともあります。話をしたいことがあれば，いつでも聴く準備はできているよということを自分自身に言い聞かせながら，どっしりと構えて待つということも時にはたいせつになってくるかもしれません。

4. きょうだいへの「支え」とは

　あるきょうだいの方が，聴覚障がいをもつ自分の兄との関係を振り返って，『奴は俺にとって「きょうだい」以外の何者でもない』とおっしゃっていました。私自身も成人されているきょうだいの方にお話をうかがわせていただく機会がありました。そのときに，多くの方の話から共通して感じられたのが，きょうだいの方にとって，キョウダイは何ら特別な存在ではないということでした。どちらかというと，私自身が「特別」という視点をもってしまっていたのではないかということを思い，大いに反省したものです。

きょうだいにとっては，キョウダイと小さいときからずっと接しているわけです。楽しく遊ぶこともあるでしょうし，ケンカすることもあるでしょう。さまざまな経験をしながら，少しずつ一緒に育っていきます。それが，生活の場の広がりに伴って，また，知識を少しずつ得ることができるようになって，どうやら自分のキョウダイは「障がい」という用語で説明されているらしいとか，ほかの人からキョウダイのことを質問されてなんて答えたらいいのかわからなくなってしまうとか，さまざまな経験をしていきます。こうした経験をしていく中で，自分にとって当たり前の存在だったキョウダイが，他の人にとっては当たり前ではないのかもしれないということを感じることも十分ありえることです。

　人の心の特徴として，今まで当たり前だと思っていたことがそうでないという体験をすると，どんな人でも少なからずショックを感じてしまうものです。自分といっしょに当たり前のように暮らしていたキョウダイが，自分の友達から好奇の目で見られたりするのをまのあたりにすることで，気持ちが揺れ動いてしまうことは十分ありうることです。キョウダイと日々接する中で，キョウダイのいいところ，すごいところもたくさん見つけてきている一方で，否定的な気持ちも感じてしまうと，自分の感じていることが自然な感情なのかどうかわかりにくくなってしまうことがあるようです。

　とくにこどものうちは，このような複雑な感情を自分の中で整理していくことはそれほどたやすいことではありません。こうした揺れ動きがあることはごくごく自然なことで，ネガティブな気持ちであっても率直に表現し合うことが大切だということを伝えていくことが，きょうだいにとっては安心して自分の気持ちを表現することにつながり，自信をもって生活していく土台になっていくのではないかと考えます。

家族のきずなが深まって…

　障がいに関連する知識を身につけていくこともももちろん重要なことです。ただ，ハリス（1994）でも，率直なコミュニケーションをしていくことの重要性が繰り返し述べられているように，家族の中でポジティブなことだけでなくてネガティブなことも含めて率直なコミュニケーションをとっていくことがもっとたいせつです。もちろん，家族みんなが100％満足できるコミュニケーションをとっていくことはとても難しいことです。ただ，さまざまな話をしていくことで思わぬ発見をしたり，こんなふうに感じていたのかいうことがわかり，家族のきずなが深まったり，前向きに生きていく力の土台ができていったりするものです。

　特別な，画期的なやり方をするということではなくて，お互いの感じている気持ちをたいせつにして，日々の何気ないことをたいせつに少しずつ積み上げていくこと，それがきょうだいにとっても，家族にとってもとてもたいせつな「支え」になっていくと思います。

引用・参考文献

相川恵子・仁平義明（2005）子どもに障害をどう説明するか　ブレーン出版

福田弘恵（2004）自閉症児の「きょうだい」の家族イメージと母親のきょうだい関係への配慮との関連について―きょうだい間トラブル場面を中心とした検討―　平成16年度　九州大学教育学部卒業論文

福村きみ子（2008）障がい児のきょうだいに対する母子グループプログラムの実践過程　平成19年度九州大学大学院人間環境学府実践臨床心理学専攻修士論文

後藤秀爾・鈴木靖恵・佐藤昌子・村上英治・水野博文・小島好子（1982）重度・重複障害幼児の集団療育（3）―健常児きょうだいの発達課題―名古屋大学教育学部紀要　教育心理学科 **29**, 205-213

濱田圭子（2005）障害児を同胞にもつきょうだいへの心理援助について―家庭内での主役体験をめざしたグループプログラムの検討　平成17年度九州大学大学院人間環境学府人間共生システム専攻修士論文

原菜つみ（2008）障がい児のきょうだいに対する母親の配慮性についての研究―分離・再会場面を中心に―　平成19年度九州大学教育学部卒業論文

Harris, S.（1994）*Siblings of children with autism*.Woodbine house.　遠矢浩一（訳）（2003）自閉症児の「きょうだい」のために―お母さんへのアドバイス―　ナカニシヤ出版

堀切優子（2004）障害児を同胞に持つきょうだいへの心理援助について―グループ活動による主役となる体験を目指した援助の検討―　平成16年度九州大学大学院人間環境学府人間共生システム専攻修士論文

Maslow, A. J.（1962）*Toward a psychology of being*, 2nd ed. Van Nostrand.

益満成美・江頭幸晴（2002）障害児のきょうだいにおける否定的感情表出の困難さについて　鹿児島大学法文学部人文学科論集 **55**, 1-13

宮里邦子・川上晶子・永田真弓・田中義人（2002）障害児ととともに歩む"きょうだい"の思いとその看護ケア　小児看護 **25**(**4**), 478-483

Siegel, B. & Silverstein, S.（1994）*What about me?: Growing up with a developmental disabled sibling*. Perseus Publishing.

繁多　進（2004）心理学事典　有斐閣

高山恵子・藤田晴美（2007）育てにくい子に悩む保護者サポートブック　学

研

遠矢浩一（2004）発達障害児の"きょうだい児"支援　キョウダイ児の"家庭内役割"を考える　教育と医学 **52(12)**, 40-47　慶應義塾大学出版会

Woititz, J.（1990）*Adult children of alcoholics*. Health Communication.　斉藤　学（監訳）白根伊登恵（訳）（1997）アダルト・チルドレン―アルコール問題家族で育った子供たち―　金剛出版

柳澤亜希子（2005）自閉性障害児・者のきょうだいに対する家庭での支援のあり方　家族心理学研究 **19(2)**, 91-104

索　引

あ
相川恵子　113
愛情　79
　——の不公平感　25
愛着　90
遊び相手　44
アダルトチルドレン　7
あまえ　92
アルコール依存症　4
安心感　66, 79, 91
安全基地　90
安全欲求　102
怒り　30
一体感　70, 82
イネイブラー　4
居場所　76, 90
Woititz, J.　8
ACOA　8
ACOD　8
江頭幸晴　97
エネルギーの低下　34
親子関係　69
親-子グループ　82
親の会　88
親役割をとるこども（Parentified child）　27

か
快感情の喪失（anhedonia）　34
解決方法　51
カウンセラー　117
学童期　97
過剰な「譲り」　13
家族のきずな　120
学校の成績の低下　34
葛藤　78
家庭内役割　3
気持ちの推測・代弁　90
共依存　4
共感　96
　——的な理解　103
　——の公式　103
きょうだいグループ　68
きょうだいげんか　44
キョウダイの"強み"　115
キョウダイの特徴　113
協力感　82
距離感　86
傾聴　117
肯定的・受容的な声かけ　90, 95
行動化するこども（Acting out child）　37
行動分析（Behavior Analysis）　38
交流　77
心遣い　50
心のSOS　107
心の栄養　97
心の問題　81
孤独感　36
こどもらしくふるまう権利　18
後藤秀爾　69, 80
コラージュ　70, 85

さ
支え　120
Siegel, B.　4, 10, 27, 30, 32-34, 40
自己犠牲　14
自己実現　77

―――欲求　108
自己評価の低下　35
思春期　62
実感　66
疾風怒涛の時期　111
自分の日・時間　77
社会性　97
主役体験　68
情緒的なつながり　79
承認　30
所属・愛情欲求　102
Silverstein, S.　4, 10, 27, 30
信頼関係　102
進路　23
―――選択　108
スキンシップ　49, 87
スクールカウンセラー　118
優れた行動をとるこども
　　（Superachieving child）　40
生理的・身体的欲求　101
責任感　11
セラピスト　30
セルフエスティーム欲求　106
世話役割　31

た
代弁者　20
高山恵子　103, 106
達成感　82
仲裁　52
遠矢浩一　3, 80
友達関係　19

な
仲間意識　70

仲間関係　69
仲間集団　69
二の次　62
仁平義明　113

は
母親役割　31
腹の虫　44
貼り絵　85
Harris, S.　10, 20, 114, 120
反抗期　62
繁多　進　90
引きこもるこども（Withdrawn child）
　　32
人のために尽くす　16
不安　109
不全感　41
負担感　81
分離不安（見捨てられ不安）　17

ま
Maslow, A. H.　100-103, 106-108
益満成美　97
マッサージ　87
満足感　91
宮里邦子　80

や
柳澤亜希子　112
欲求の階層　100

ら
療育　55

執筆者一覧

第1章
第1節　遠矢　浩一　（九州大学大学院人間環境学研究院　臨床心理学講座　教授：同大学院人間環境学府附属総合臨床心理センター生涯発達支援部門　室長）
第2節　福田　弘恵　（佐賀家庭裁判所　家庭裁判所調査官）
第3節　原　菜つみ　（大阪狭山市役所　教育部　こども育成室　家庭相談員（臨床心理士））

第2章
第1節　濱田　圭子　（医療法人光陽会　伊都の丘病院（臨床心理士））
第2節　福村　きみ子　（社会福祉法人　宮崎県社会福祉事業団　児童養護施設　青島学園（臨床心理士））
第3節　堀切　優子　（医療法人寿栄会　本間病院（臨床心理士））

第3章　松尾　伸一　（福岡県発達障害者支援センター　あおぞら　発達支援員（臨床心理士））

挿　絵　北島　綾　（医療法人社団　淡窓会　大分友愛病院（臨床心理士））

障がいをもつこどもの「きょうだい」を支える
お母さん・お父さんのために

2009 年 10 月 20 日　初版第 1 刷発行　（定価はカヴァーに表示してあります）
2014 年 5 月 10 日　初版第 2 刷発行

編著者　遠矢　浩一
発行者　中西　健夫
発行所　株式会社ナカニシヤ出版
〒 606-8161　京都市左京区一乗寺木ノ本町 15 番地
Telephone　075-723-0111
Facsimile　075-723-0095
Website　http://www.nakanishiya.co.jp/
E-mail　iihon-ippai@nakanishiya.co.jp
郵便振替　01030-0-13128

装幀＝白沢　正／印刷＝ファインワークス／製本＝兼文堂
Copyright © 2009 by K. Toya
Printed in Japan.
ISBN978-4-7795-0380-1
◎本書のコピー，スキャン，デジタル化等の無断複製は著作権法上での例外を除き禁じられています。本書を代行業者等の第三者に依頼してスキャンやデジタル化することはたとえ個人や家庭内の利用であっても著作権法上認められておりません。

親と先生のための自閉症講座
―通常の学校で勉強するために―

R. ジョーダン & G. ジョーンズ 著
遠矢浩一 訳

四六判　145頁　定価（本体1800円+税）

自閉症児が学校で快適に過ごせるためにクラスメートをどう組織化するか，担任教師へのサポートは，そして親たちが貢献できることは何か。英国の例を引きながら，幅広い示唆をふんだんに盛り込む。

自閉症児の「きょうだい」のために
―お母さんへのアドバイス―

サンドラ・ハリス 著
遠矢浩一 訳

四六判　152頁　定価（本体1800円+税）

自閉症児をきょうだいにもつ子どもたちの抱える心理的問題とその解決策，親の接し方などを平易に解説。原書はアメリカ自閉症協会出版賞を受賞。

軽度発達障害児のための
グループセラピー

針塚 進 監修
遠矢浩一 編

A5判　216頁　定価（本体2200円+税）

軽度発達障害児ならではの支援の必要性をふまえ，集団という場で，子どものもてる力を最大限のばすグループセラピーの方法論を実践にそってわかりやすく解説する。

基礎から学ぶ動作訓練
―通常の学校で勉強するために―

九州大学発達臨床心理センター 編

A5判　192頁　定価（本体2200円+税）

強烈に緊張する筋肉を緩めるにはどうしたらいいか。だが，その前に，そのように筋を緊張させているのは誰なのか。本書はその緊張を強いている主体に分け入って，その当人がリラックスできるように，自分の身体が自分で動かせるように訓練するためのマニュアルである。